Leitura e recontextualização

Coleção Comunicar

- *América indígena: 500 anos de resistência e conquista* – Maurílio Pereira Barcellos
- *Criança e poesia na pedagogia Freinet* – Gloria Kirinus
- *Leitura prazer* – Ir. Maria Alexandre de Oliveira
- *Leitura e recontextualização: o discurso multicultural* – Bruno Carneiro Lira
- *Linguagens e a palavra* – Bruno Carneiro Lira

Bruno Carneiro Lira

Leitura e recontextualização
O discurso multicultural

Dados Internacionais de Catalogação na Publicação (CIP)
(Câmara Brasileira do Livro, SP, Brasil)

Lira, Bruno Carneiro
Leitura e recontextualização : o discurso multicultural / Bruno Carneiro Lira. – 1. ed. – São Paulo : Paulinas, 2010 – (Coleção comunicar)

Bibliografia.
ISBN 978-85-356-2585-1

1. Análise do discurso 2. Escrita 3. Estudos culturais 4. Intertextualidade 5. Leitura 6. Língua e linguagem – Estudo e ensino 7. Multiculturalismo I. Título. II. Série.

10-00347   CDD-418.4

Índice para catálogo sistemático:
1. Leitura e recontextualização : Linguística   418.4

1ª edição – 2010

Este livro segue a nova ortografia da Língua Portuguesa.

Direção-geral: *Flávia Reginatto*
Editora responsável: *Maria Alexandre de Oliveira*
Assistente de edição: *Rosane Aparecida da Silva*
Copidesque: *Huendel Viana*
Coordenação de revisão: *Marina Mendonça*
Revisão: *Sandra Sinzato*
Direção de arte: *Irma Cipriani*
Gerente de produção: *Felício Calegaro Neto*
Capa e diagramação: *Telma Custódio*

Nenhuma parte desta obra poderá ser reproduzida ou transmitida por qualquer forma e/ou quaisquer meios (eletrônico ou mecânico, incluindo fotocópia e gravação) ou arquivada em qualquer sistema ou banco de dados sem permissão escrita da Editora. Direitos reservados.

Paulinas
Rua Dona Inácia Uchoa, 62
04110-020 – São Paulo – SP (Brasil)
Tel.: (11) 2125-3500
http://www.paulinas.org.br – editora@paulinas.com.br
Telemarketing e SAC: 0800-7010081
© Pia Sociedade Filhas de São Paulo – São Paulo, 2010

Dedicatória

À memória de meu irmão Paulo Júnior e de meus avós, Gervásio e Alda, Antônio e Rita.

Aos meus pais, Nivalda e Paulo, meu irmão Gervásio Jones e aos sobrinhos Elton e Lucas. Aos demais familiares e amigos que sempre incentivaram as nossas produções textuais.

Ao Michel, Paulo James, Jedah, Cristina, Susana e Elton Spiller Araújo.

Aos mosteiros da Europa: Sint Adelbert de Egmond-Binnen (Holanda), Saint Michel de Siegburg e Saint Matthias Abtei da cidade de Trier (Alemanha).

Ao arcebispo de Olinda e Recife, Dom Fernando Saburido, osb; ao bispo emérito de Nazaré, Dom Jorge Tobias de Freitas; ao abade do Mosteiro de Olinda, Dom Filipe da Silva; ao abade presidente da Congregação Beneditina do Brasil, Dom Emanuel D'Able do Amaral; e também aos monges e monjas da Congregação Beneditina do Brasil.

Às amigas companheiras de jornada do nosso curso itinerante Sons e Gestos que Alfabetizam: Adriana Teixeira, Andréa Coelho e Martha Gonçalves.

E, muito especialmente, à querida amiga e mestra de sempre, a Profa. Dra. Lívia Suassuna, autora do prefácio desta obra.

Agradecimentos

Aos amigos prof. Josias Albuquerque, D. Tide e Kátia Albuquerque; prof. Inocêncio Lima; Gilberto Barbosa e Comunidade Obra de Maria; queridos professores da Educação de Jovens e Adultos (EJA) do Sesc Santo Amaro-PE; profa. Rosângela Tenório de Carvalho; jornalista João Alberto; Ricardo Melo e Fabiana; Carol; Stella Façanha e à família Pimentel de Lyra; D. Pinininha; Gerlane; Edílson e Romildo; Edmar; Judite Botafogo; Alcinete e Elinaldo; Dom Mauro da Cruz, osb; Dom Lucas Soares, osb; pe. Sérgio Absalão; pe. Hélder da Silva; pe. Vieira; ir. Consuêlo Tavares, osb; ir. Maria Regina, osb; Verônica Alves; Dr. Alexandre Ferraz e Suzete; Dr. Alexandre da Silva e Dra. Joana; Iran e Tony; Fátima Falcão; Margarida Mongin; Valéria Couto; Rogério e Cléia; Clóvis e Ana; Dr. James Paiva; Jorge e Graziella; João Maria; Tovinho e Maria; Carlos Alberto do Carmo e Jane; Fátima Silva; Miro Araújo Filho; João Antônio Calheiros; Rodrigo e Amanda; Dolores e Sebastião; Mônica e Sérgio; Graça e Gilvan; Solange e Sílvio; Luciene e Gilvan; Mauro e Danielle; Silvio e Marina; Ana Sérgia e, ao músico-parceiro nas composições sacras, Marcos Tadeu.

Estes grandes amigos foram fundamentais no incentivo para a produção deste livro.

E deram-me para analisar uma oração subordinada
adverbial temporal reduzida de infinitivo.
Fiz a análise, mas não sabia como e quando
empregar esses termos no meu cotidiano.
Disseram-me que as orações substantivas têm
o mesmo valor dos termos da oração,
Também não sabia onde aplicá-las.
Tratei de dialogar com o *sujeito*, mas disseram-me
que este inexistia ou estava oculto,
Então li em algum lugar: "Constroem-se grandes edifícios".
Busquei o *sujeito* e não encontrei, pois pensava
ser os engenheiros ou os pedreiros ou mesmo
a equipe de alguma construtora.
Meu professor de português dizia-me:
"o *sujeito* é grandes edifícios".
E perguntava-me, mas não são os grandes
edifícios que sofrem a ação dos *sujeitos*?
Então aqueles que pela lógica seriam os
sujeitos viraram agentes da passiva...
E por aí vai...

Nos sintagmas nominais e verbais, que era obrigado a analisar,
não encontrava sentidos, não percebia os contextos,
as intenções. Então tomei o texto como um todo e, ali,
encontrei uma unidade semântica:
no trabalho com as palavras, nas relações segmentais,
nos seus múltiplos contextos e significados...
[...]
As vogais deveriam ser chamadas de "soantes", pois são
os únicos grafemas que soam e dão sentido e sonoridade
àqueles que denominamos de "COM"-soantes, pois sem as
soantes, as nossas "consoantes" não teriam função sonora.
E por aí vai...!!!

O Autor

Prefácio

Bruno Carneiro Lira (nome literário de Francisco Edson Garcês C. Lira) lança a público mais um livro. Trata-se, desta vez, de *Leitura e recontextualização: o discurso multicultural*, editado pela Paulinas e que a mim coube a alegria de prefaciar.

Conheci Bruno Carneiro Lira na Universidade Federal de Pernambuco (UFPE), quando ele fez a sua graduação em Letras e fui sua professora. Estivemos juntos nas disciplinas Prática de Ensino de Português 1 e 2, que constituem o estágio curricular do curso. Nessa ocasião, ele já demonstrava uma grande sensibilidade pedagógica, ao lado de um especial interesse pela linguagem. Lembro, inclusive, que ele foi o oficiante da missa de ação de graças pela formatura de sua turma e falou, de modo comovente, da palavra como "adubo", "sal da terra".

Em outras oportunidades, pudemos trocar mais ideias sobre a vida, a escola e a língua portuguesa. Entretanto, esses (re)encontros não foram frequentes, em função dos atropelos e exigências de nossas vidas. Mais recentemente, transitando outra vez pela UFPE, especialmente no Programa de Pós-graduação em Educação, Bruno cruzou outra vez comigo, quando me disse que há muito atua como professor e coordenador pedagógico em diferentes instituições. Disse-me, também, que concluiu o seu mestrado em Ciências da Linguagem pela Universidade Católica de Pernambuco.

O livro que agora se lança tem algumas particularidades que gostaria de destacar. Já a partir do título e do sumário, o autor lança algumas ideias que aparecem depois como fundamentais no todo de sua obra, com destaque para as relações entre leitura e contexto (relações essas tão bem salientadas por Paulo Freire), o conceito de multiculturalidade (como categoria das mais importantes no universo da educação) e as noções de polifonia e dialogismo (que evidenciam o caráter plural da linguagem).

Na introdução do livro, o autor coloca um conceito ampliado de cultura, tendo em vista a sua diversidade e movimento. Na mesma perspectiva, adota uma noção ampliada de texto e de leitura e, com base nisso, prepara o seu leitor para o percurso que fará durante a obra.

No capítulo 1, traz uma visão histórica dos estudos culturais e defende o pressuposto de que os discursos são sempre multiculturais porque surgem em contextos variados e são sempre produzidos a partir de diversificadas realidades discursivas.

O capítulo 2 reforça a ideia bakhtiniana da interação como realidade fundamental da língua, esta sempre imersa em realidades enunciativas concretas. O capítulo é também lugar de aprofundamento dos conceitos de polifonia e dialogismo, assim como de gêneros discursivos, compreensão e atitude responsiva.

Em seguida, o autor dedica o capítulo 3 a Foucault e ao aparato da arqueologia do saber/do discurso, salientando as articulações entre discurso e história e confirmando que não há inocência na linguagem. No "passeio" pela obra de Foucault, Bruno Carneiro Lira também faz um resgate das noções de acontecimento, subjetivação e dispersão, tudo isso para pôr em destaque a inserção do discurso no contexto sócio-histórico, o que o leva a defender que a interpretação não é um encontro de um significado comum e universal, determinado por um signo ou um conjunto de signos.

Da mesma forma como fez com os Estudos Culturais, no capítulo 4, o autor empreende um histórico do currículo, particularmente das teorias críticas e pós-críticas. Isso feito, retoma uma importante proposta de ensino de língua portuguesa que havia sido lançada, em meados dos anos 1980, pelo professor João Wanderley Geraldi. Baseado no conceito de interação, Geraldi sugeriu, então, que o ensino de Português girasse em torno de três práticas linguísticas articuladas – a leitura, a produção de textos e a análise linguística. Nesse sentido, Bruno "atualiza" a ideia de Geraldi, não no sentido literal do termo, mas no sentido de que faz dela uma leitura particular, mesclada com as teorias críticas e pós-críticas do currículo. E aí são encontrados importantes pontos de intersecção.

O capítulo 5 contém explicações sobre um conceito dos mais importantes para a leitura: o de intertextualidade. Destacamos o valor desse conceito por concebermos, assim como o autor, a leitura como uma ação intertextual por excelência, ou seja, ler é relacionar textos, concretos ou potenciais, remetendo-os uns aos outros e construindo sentidos nesse movimento. Apoiado então na intertextualidade, Bruno faz leituras pessoais de obras (inclusive, uma não verbal) que giram em torno da seca e do exílio nordestinos. Esse percurso reafirma o quanto a leitura multiplica os sentidos possíveis de construir na, pela e com a linguagem.

O conceito ampliado de leitura é tema da seção seguinte, o capítulo 6, no qual Bruno Carneiro Lira demonstra as relações entre ler e escrever. Importantes parceiros são evocados nesse capítulo, desde Paulo Freire, com sua ideia da leitura da "palavramundo", até Ingedore Koch, que vem ajudando a "desvendar os segredos do texto". O capítulo como um todo nos conduz a um princípio educativo dos mais caros – a leitura como condição da humanização dos sujeitos da educação e da transformação social.

E assim vamos chegando ao último capítulo. Nele, o autor, partindo da tese de que a leitura é uma atividade humana/humanizante (e não mera decodificação, mera busca ou reconhecimento de previsível) e da noção de textualidade, registra os diferentes modos de leitura de três diferentes sujeitos de sua investigação. Todos eles leram os mesmos textos (textos, por sinal, bastante diferenciados em termos de contexto de produção, finalidades, formatos, temáticas...) e comprovaram, em seus trajetos de leitores, que, ao ler, sempre mobilizamos conhecimentos prévios que nos constituem e constituem os sentidos que vamos conferindo ao que está sendo lido.

Na conclusão, intitulada "E chegando aos finalmentes...", reafirma-se a relevância do TEXTO – enquanto rede de significados – como o elemento central, matéria-prima, objeto primeiro do ensino e da aprendizagem da língua portuguesa, notadamente da leitura.

Um aspecto que também me chamou a atenção ao longo da obra é que, para Bruno Carneiro Lira, os conhecimentos prévios do leitor, tão relevantes para a leitura, são, efetivamente, um "já-saber". Isso denota uma visão pedagógica aberta e respeitosa.

Para finalizar, diria que o livro de Bruno Carneiro Lira é, ele mesmo, resultante das leituras do próprio autor; ele fez, com os muitos autores e textos que compõem seu referencial, um verdadeiro diálogo, que esperamos seja realizado também pelos leitores deste livro.

Lívia Suassuna
Professora da Universidade Federal de Pernambuco.
Mestre em Língua Portuguesa pela PUC-SP
e doutora em Linguística pela Unicamp.

Introdução

A cultura faz o homem, e este, por sua vez, é também um produtor de cultura. Hoje se sabe que o conceito de cultura, a partir dos estudos socioculturais, ampliou-se e não se pode mais defini-la, apenas, como uma manifestação de determinado grupo de pessoas. É muito mais uma leitura através de pontos de vistas diferentes, ou seja, uma apreciação a partir do lugar social de cada indivíduo. Por isso mesmo, hodiernamente, não se pode mais viver e ler as diversas realidades a partir de um único aspecto, como se estivéssemos usando "antolhos", mas deverá ser sempre uma leitura diversificada e dinâmica.

Os estudos culturais surgem na Europa e nos Estados Unidos, tendo como antecedentes um movimento no campo dos estudos literários e debates gerados pela Escola de Frankfurt, possuindo como motivo gerador: as alterações dos valores tradicionais da classe trabalhadora na Inglaterra do pós-guerra. Diferentemente da concepção latino-americana e sobretudo brasileira. No hemisfério norte esses estudos surgem para a formulação de novas identidades a partir dos *mass mídia*, originando uma cultura de massa que tem fonte nas telenovelas, livros específicos, valores dos programas de grande audiência... Já na América do Sul e no Brasil, os estudos culturais aparecem a partir das lutas de classes para firmar as vontades e a maneira de pensar das camadas populares, portanto, sendo a *resistência* uma das características básicas desses estudos.

Conforme Nelson (1995), as principais categorias de pesquisa dos estudos culturais situam-se nos seguintes contextos: *discurso* e *textualidade*, história e cultura global, gênero e sexualidade, nacionalidade e identidade nacional, colonialismo e pós-colonialismo, raça e etnia, cultura popular e seus públicos, ciências e ecologia, política e identidade, pedagogia, estética, disciplinaridade. Vemos, então, que muitas de suas características se dão em duais opostos, possuindo, de certo modo elementos de ruptura e continuidade.

Para Giroux (1995), os estudos culturais relacionam-se com o processo de produção dos textos, momento de enunciação do discurso, e de recepção dos enunciados a partir de vários tipos de textos e contextos que estão presentes nos aglomerados sociais. O processo comunicativo, portanto, será visto como algo simbólico através do qual a realidade é produzida, reproduzida e transformada. Desenham-se enlaces entre TEXTO – CONTEXTO – RECEPTORES. O circuito cultural apresenta-se da seguinte maneira: realidades dos sujeitos (emissores) – meios de comunicação e texto – sujeitos (receptores).

Até aqui já vemos delinearem-se os objetos de investigação dos estudos culturais. Eles propõem o reconhecimento de todas as culturas e a reflexão coletiva sobre a relação entre o conhecimento e o processo de construção de identidades individuais e sociais. É fundamental que a temática da cultura local constitua-se como preposição para a construção das identidades sociais.

É nesse sentido que para as atividades de leitura, que são sempre recontextualizadas, propõe-se um currículo multicultural, a fim de evitar a reprodução das culturas dominantes. Para Giroux (1995, p. 86):

> Os estudos culturais estão profundamente preocupados com a relação entre cultura, conhecimento e poder. Consequentemente não é surpreendente que os/as educadores/as convencionais raramente se envolvam com os estudos culturais, exceto para descartá-lo como outra moda teórica... Os estudos culturais desafiam a suposta inocência ideológica e institucional dos/as educadores/as convencionais ao argumentar que os/as professores/as sempre trabalham e falam no interior de relações história e socialmente determinada de poder. Moldada na intersecção entre a reprodução social e cultural, por um lado, e nas rupturas produzidas através de práticas alternativas, resistentes e desestabilizadoras, por outro, a educação é um local de luta e contestação contínuas.

Como se vê, a cultura e o conhecimento, na relação de poder, são bem próprios do multiculturalismo, sendo preciso uma abertura por parte dos educadores com relação à leitura e a sua consequente interpretação, tendo o leitor um lugar de preponderância, pois é este que, a partir de suas experiências e contextos, em constante atividade de recontextualização, possui o poder de dar sentido aos textos produzidos em todos os tempos.

É nesse cenário que elaboramos a nossa obra no intento de conseguir que os nossos leitores possam sentir a importância dos estudos culturais no processo de criação e interpretação textuais. Para tanto, ela foi dividida em sete capítulos, que como num crescendo vão preparando o caminho para uma significativa atividade de leitura.

O primeiro aprofunda os estudos culturais, do seu advento aos dias de hoje. O seguinte busca discutir a importância de Bakhtin para os estudos em torno do discurso, sobretudo nos aspectos da dialogicidade e da polifonia.

Em seguida, achamos por bem apresentar a teoria arqueológica discursiva de Michel Foucault, pois constitui um outro ponto de vista no processo de entendimento dos variados textos já que este teórico vê o discurso a partir da história, do lado de fora, analisando os textos como um monumento em seu momento de produção.

O quarto capítulo deseja ser mais pragmático; partindo das teorias críticas e pós-críticas do currículo de Língua Portuguesa, propõe, como sugere Geraldi (2006), que os textos sejam apreciados e estudados a partir da leitura/interpretação, produção e análise linguística.

No quinto mostraremos, a partir dos textos literários, a maneira de construção das identidades e, em seguida, veremos como a leitura e a escrita se constituem como um forte instrumento de transformação social.

Finalmente, chegaremos a alguns modelos de atividades de leitura realizada por três sujeitos com perfis diferentes: uma professora de Língua Portuguesa, um professor de Matemática e por uma estagiária de pedagogia da Educação de Jovens e Adultos (EJA) do Sesc Santo Amaro-PE, tentando demonstrar a presença do implícito e as diferentes interpretações a partir dos diversos contextos dos referidos sujeitos. Em um segundo momento, apresentaremos a esses mesmos sujeitos de pesquisa um texto sobre o preconceito linguístico de Maurizzio Gnerre, com o qual daremos dois exemplos de questões formuladas para compreensão do mesmo, tentando demonstrar as facilidades ou as dificuldades de interpretação a partir da presença de conhecimento de mundo compartilhada com o autor, dos contextos e dos próprios implícitos no processo de interpretação dos sujeitos em pauta. Passaremos ainda para os nossos sujeitos de investigação um outro texto da literatura portuguesa, como também o Salmo 136, este do discurso religioso tirado dos gêneros poéticos das Sagradas Escrituras. *Neste momento, aproveito para agradecer de coração os sujeitos de pesquisa, pela disponibilidade em se tornarem peças fundamentais nesse processo de construção científica no que se refere à leitura e suas recontextualizações a partir dos seus vários tipos de discursos e experiências.*

Ainda na linha dos reconhecimentos, não podíamos nos furtar de prestar uma *grande homenagem, em forma de gratidão, à professora Dra. Lívia Suassuna*, pela amizade e disponibilidade, sempre pronta a discutir, a aclarar nossas reflexões, indicando rumos para as nossas pesquisas e reflexões.

Agradeço também os meus assíduos leitores, que estão sempre presentes em todos os nossos lançamentos: Silvia Cavadinha e Dedeo, Ângela Gallo, Paulo Rodrigo, Everson José, Nilza Quintino, Adelma Campelo, Eduardo

Rangel, Patrícia Oliveira, Maurício Saraiva, Manoel Almir, Wesler Rocha, Priscila Ribeiro, grandes formadores de consciências e de leitores, meus queridos amigos do Sesc Santo Amaro-PE. Uma menção especial aos grandes parceiros do Foto Beleza: Sr. Maurício Lacerda, Max Cabral, Marise, Daniele e Edvalda, como também, aos meus colegas da Faculdade Pernambucana IV (Fape IV): Cristiano, Edmilson e Ismael, Deraldo, Ubiracy, Marcela, Marta Pedrosa, Ernane e alunos que sempre me acompanham.

Como para os pós-estruturalistas Foucault e Derrida, as diferenças culturais acontecem no campo da linguagem e do discurso, pensamos, desse modo, colocar ao alcance dos nossos leitores mais um compêndio que possa contribuir para as reflexões em torno da língua, sobretudo no que concerne a seu núcleo, que é a produção de autênticos textos escritos ou orais e a sua adequada interpretação a partir de seus usos e entendimentos culturais.

Buscar, portanto, um significado mais autêntico e satisfatório para o ato de ler e interpretar textos de todas as culturas e épocas é a finalidade desta obra. Tentamos com ela responder a seguinte indagação: Como ler e interpretar a partir dos estudos culturais e dos vários contextos de produção e recepção? Se chegarmos ao final deste compêndio com essa indagação de algum modo respondida, damo-nos por satisfeitos, pois sabemos que estamos despertando em nossos leitores o interesse pelo tema, levando-os a outras descobertas, as quais só contribuirão para a reflexão científica dos processos linguísticos.

1. O advento dos estudos culturais

Os estudos culturais veem nas manifestações culturais diversas articulações com posições ideológicas bem definidas e um alto nível de complexidade; se por um lado servem aos interesses da hegemonia dominante, por outro poderão apresentar-se como resistência às formas dominantes de cultura e sociedade. Encontramos nas sociedades essas duas manifestações: resistência e dominação. Os referidos estudos abarcam toda forma de relação e de identidade, com divisões socioeconômicas, ideológica, de gênero, etárias, étnicas etc.

Na década de 1960, com a presença da instabilidade social, surgiram movimentos com formas alternativas de expressão cultural e de organização social. Na Inglaterra, mais particularmente na Universidade de Birmingham, foi criado um Centro de Estudos Culturais Contemporâneos. Esse centro detectou que havia uma polarização entre o proletariado e a burguesia com momentos de resistência e de massificação, formando elos entre a linguagem, as crenças, os valores, a vida familiar, as relações de gênero, formas de viver da classe operária inglesa. Começou-se a dar importância ao trabalho qualitativo e etnográfico com perspectivas fenomenológicas dando chances ao aparecimento de um interacionismo simbólico. Com relação ao método, esse centro vai se dividir em duas tendências que se encontram sob tensão: de um lado as *pesquisas etnográficas* (campo da sociologia) e de outro as *interpretações textuais* (campo dos estudos literários). Enquanto a etnografia preocupava-se com as "subculturas urbanas", a interpretação de textos reservar-se à análise de programas de televisão e de obras literárias mais populares. Os estudos culturais põem ênfase no papel da linguagem e do discurso como elementos de construção de representações sociais.

A entrada da força feminista, segundo Nelson (1995), faz os estudos culturais repensar as noções de subjetividade, política e gênero.

Os estudos culturais, portanto, não definem cultura de forma isolada, mas sempre na dimensão da vida social, articulando todas as formas de viver e de ser. Lutas pelos direitos humanos, pela justiça e paz, liberdade dos oprimidos, encontram aqui o espaço certo para as suas conquistas.

Nas décadas de 1960 e 1970 surge uma fase de análise das ideologias através dos textos. A metodologia dos estudos culturais passa a ter *como base a análise textual e suas repercussões*. Conforme Colvara (2006, p. 3):

> o poder do texto sobre o receptor. O que acentua a natureza complexa, o dinamismo e a atividade. Um jogo sutil de intercâmbios entre as duas culturas, a hegemônica e a popular.

O trabalho dos franceses Michel Foucault e Pierre Bourdieu e a internacionalização dos estudos culturais foram de grande influência na transformação epistemológica dos mesmos, fragmentando as lutas de resistência e aderindo a outros fatores como a eclosão de novas crenças, a revolução tecnológica, que reestruturou o trabalho e o lazer. Os textos, as imagens, as mercadorias, criam as novas relações de identidade. As lutas de classes ficam fora de moda para dar lugar a desconstrução e a construção de identidades.

Ainda conforme Colvara (pp. 6-7):

> os estudos culturais pertencem a uma vertente sociocultural dentro da grande área de pesquisa que é a Comunicação. Esta perspectiva encontra-se na fronteira entre as Humanidades e as Ciências Sociais. A sua preocupação central é com o receptor, responsável pela concepção do significado... É importante ressaltar que a centralidade dos estudos culturais está nas análises com interpretações engajadas socialmente e politicamente em fatores extratextos (no contexto e suas implicações).

Sabemos que os contextos são fundamentais no processo de interpretação dos textos. É o que chamamos, nos estudos dos fatores da textualidade, de *situacionalidade*, ou seja, os momentos históricos, psicológicos e sociais de produção e a sua recepção, a qual também possui uma realidade própria no momento de interpretação, em que os receptores põem diante de si conhecimentos prévios: de linguagem e de mundo.

No contexto escolar, os próprios materiais didáticos são artefatos culturais definidos em determinado momento histórico, como necessários à prática docente em detrimento de outros que, relegados, ficam, às vezes, com seu uso restrito a grupos culturais específicos. É nesse momento de docência que os recursos pedagógicos deverão ser bem escolhidos e abertos à diversidade cultural. Os *textos*, como o recurso mais poderoso para a construção do saber, deverão ser o centro da prática pedagógica, que, no dizer do saudoso professor João Francisco de Souza, da Universidade Federal de Pernambuco (UFPE), é composta pela articulação da prática docente, prática discente, prática gestora e saberes epistemológicos. Nos textos, encontramo-nos fortemente com as culturas, que são mais do que simples manifestações de um povo, mas, sobretudo, o olhar de cada ser humano a partir do seu lugar social. É pelos vários tipos e gêneros de textos que se constrói a diversidade de olhares, as variadas formas de pensar e ver a realidade, por isso sempre polissêmicos e polifônicos. Eles nos transformam e fazem mudar nossa maneira de ver as coisas.

Os estudos culturais comportam, portanto, cultura popular, cultura brasileira, intelectuais e meios de comunicação, identidades culturais da contemporaneidade e do passado, esfera pública, espaço doméstico, globalização, espaço urbano, cultura de consumo, variação linguística, pluralismo religioso, memória, moda, estudo da recepção e da produção dos textos, comunicação interpessoal e empresarial, cultura do impresso, história do jornalismo, etnia, raça, indústria fonográfica, história da imagem, identidades, sexualidade, feminismo, opinião pública, antropologia visual, antropologia cultural, práticas sociais de leitura, eventos comunicativos...

Carvalho (2004) trata a diversidade cultural a partir de duas referências: uma perspectiva pós-colonialista que caracteriza a diversidade cultural como "um discurso de subjetivação, um discurso que constrói identidades de gênero, raça, etnia, classe, sexo, religião"; a segunda situando essa diversidade no âmbito antropológico sem dicotomizar cultura popular e cultura erudita.

A mesma autora estabelece um diálogo proveitoso com Michel Foucault e sua teoria sobre a arqueologia do discurso, assunto que será abordado mais detalhadamente no terceiro capítulo. Tal teoria se estabelece entre dois eixos de análise: um através dos cenários históricos e outro pela moldagem de fora dos discursos, ou seja, os contextos de enunciação no momento da criação discursiva sempre relacionada com a realidade multicultural. Carvalho (2004), a respeito dos Estudos Culturais, dialoga com Nelson (1995) ao tratar das questões

> de gênero e sexualidade, nacionalidade e identidade nacional, colonialismo e pós-colonialismo, raça e etnia, cultura popular e seus públicos, ciências e ecologia, política de identidade, pedagogia, política de estética, instituições culturais, política de disciplinaridade, discurso e textualidade, história e cultura global numa era pós-moderna.

Como vemos, os estudos culturais, além de estarem preocupados com as conexões entre cultura, identidade, poder e significação, abrem um leque de possibilidades para a recontextualização interpretativa dos textos, trabalho realizado sempre a partir das experiências contextuais dos leitores ou ouvintes.

É partindo desses estudos que chegamos aos discursos multiculturais que são veiculados pelos vários tipos de textos, sejam eles verbais, em suas modalidades oral e escrito, ou mesmo iconográficos. A variedade discursiva, em seus processos de significação, provém dos grupos ideológicos culturais, ou seja, grupos de poder que com seus discursos influenciam os contextos de enunciação e, consequentemente, os enunciados. Como já preconizava Bachelard, os discursos, assim como o conhecimento, constituem-se a partir do saber já produzido. Tendo por base essa premissa, aparecem as várias formas discursivas a que chamamos de "discurso multicultural". Citaremos alguns exemplos: o discurso educacional, o discurso religioso, o discurso feminista, o discurso indígena, o discurso econômico, o discurso jurídico, o discurso esportivo, o discurso das populações negras, o discurso do Movimento dos Sem-Terra (MST) e outros. Todos eles com suas regras e maneiras próprias de se apresentarem na sociedade, influenciando assim, nas várias interpretações textuais, o que resulta na recontextualização de cada um conforme as vivências de seus intérpretes.

Nesse contexto não se pode esquecer da interculturalidade, que é justamente o diálogo no âmbito das lutas culturais. Deve-se, pois, estabelecer um diálogo com os vários teóricos do discurso multicultural, como também com os próprios textos que, conforme Carvalho (2004), apresentam-se a partir de três regiões: a região discursiva de transnacionalização da educação, a região discursiva de política educacional e a região discursiva acadêmica educacional.

Na primeira região discursiva, a autora apresenta como exemplo os textos da Unesco (Organização das Nações Unidas a Educação, a Ciência e a Cultura) e da V Conferência Internacional de Educação de Adultos (Confintea). Esses discursos centram-se na inclusão de todos os seres humanos aos bens culturais, independentes de idade. A região discursiva proveniente da política educacional apoia-se nos textos do Ministério da Educação e Cultura (MEC) e do Conselho Nacional de Educação (CNE), sobretudo este último propõe seu discurso ao "emitir pareceres sobre assuntos na área educacional, promovendo seminários sobre grandes temas da educação brasileira...". Com relação aos discursos da academia, a autora cita a Associação Nacional de Pós-graduação e Pesquisa em Educação (ANPEd). Ela própria afirma à p. 21:

> Em síntese, a articulação discursiva da ANPEd está para além dos meios acadêmicos, mantendo uma aproximação com as regiões discursivas identificadas com e pela democratização dos saberes/conhecimentos como toda a sociedade, como uma das respostas aos problemas educativos engendrados nas relações políticas, sociais e culturais do Brasil. Os sujeitos do discurso acadêmico educacional, ao problematizarem formas de actuação da escola e as políticas educacionais que incidem sob a multiculturalidade da sociedade brasileira, diferentemente de outras regiões discursivas,

geram um processo que envolve desde a população de um tipo de conhecimento – entendido como um "saber" verdadeiro e de alto valor social a uma intensificação de produtos culturais e postos em circulação educacional, a exemplo de estudos, pesquisas, revistas científicas, congressos etc.

Como se vê dentro dessas três regiões do discurso educacional já encontramos uma certa diversidade, tanto no que diz respeito ao nacional quanto ao internacional, e isso, a partir dos diversos pontos de vista, contextos em que são produzidos. Poderemos concluir que, dentro de um campo da diversidade discursiva, têm-se outros subcampos, e assim por diante.

Também durante a colonização do Brasil, vamos encontrar um discurso político e religioso próprio da época. No campo político, Portugal apresentava a Colônia como uma promissão econômica e buscava todos os meios de usufruir suas dádivas; por outro lado, os jesuítas pregavam em suas catequeses os dogmas da Igreja Católica, ensinando a religião cristã aos aborígines e, ainda, o ensino da leitura e da escrita, como também os conhecimentos agrários mais básicos.

Não poderia, neste momento, deixar de mencionar um autor que é de fundamental importância para os estudos culturais e, consequentemente, para o Discurso Multicultural. Trata-se do psiquiatra nascido na Martinica, Frantz Fanon, que com apenas 27 anos de idade escreveu em Paris a sua famosa obra *Pele negra, máscaras brancas*. Nela apresenta, de maneira contagiante, a sua experiência de negro no mundo branco. Partindo de uma análise do racismo e dos efeitos do colonialismo sobre negros e brancos, explora a relação entre ambos, desde a época da escravidão até os tempos atuais. Fanon (1975) explora nesse livro o movimento anticolonialista do século XX, já que ele próprio experimentou a discriminação racial ao ir para a França lutar na resistência em 1952 e, ainda, treinar como psiquiatra. Portanto, duas formas discursivas do autor: o racismo e a ciência psíquica. Nessa obra, mostra, através de seus personagens, o dilema dos negros que desejam ser brancos ou buscar em seus ancestrais alguma característica da raça branca, e por outro lado mostra os que se encontram felizes com sua raça e por isso lutam, resistindo aos preconceitos. Sabemos que, por causa da colonização, nem negros nem brancos têm existência própria, mas são categorias inventariadas pelo período colonial.

Fanon tinha muita consciência do poder de sua cor e da sua etnia, por isso elabora um discurso otimista a respeito de sua condição, sem desprezar a condição dos brancos. Ele próprio assevera:

> Sou branco, quer dizer que tenho ao meu favor a beleza e a virtude, que nunca foram negras. Sou da cor do dia...
>
> Sou negro, realizo uma fusão total com o mundo, uma compreensão simpática da terra, uma perda do meu *eu* no coração do cosmos, e o Branco, por mais inteligente que seja, não poderá compreender Armstrong nem os cantos do Congo. Se eu sou Negro, não é devido a uma maldição, mas porque, tendo estendido a minha pele, pude captar todas as emanações cósmicas. Sou verdadeiramente uma gota de sol sobre a terra... E parte-se para

um corpo a corpo com a sua negridão ou com a sua brancura, em pleno drama narcisista, cada um encerrado na sua particularidade; é verdade que de quando em quando com alguns vislumbres, mas ameaçados desde a origem.

Vemos aí de maneira bem elucidativa a presença do discurso multicultural, vislumbrado a partir do existencialismo e da condição de estar no mundo. A cor identifica o autor, ele está realizado com ela, mas não elimina a beleza da outra. Encontra na dicotomia entre o branco e o preto a unidade necessária à convivência humana. Os vários discursos, portanto, são construídos a partir das inúmeras situações contextuais dos seus interlocutores. Até mesmo os diversos códigos linguísticos tornam os discursos multiculturais, e, por sua vez, o processo de leitura vai ter significância sempre diferente a partir dessa variedade discursiva. Vejamos o exemplo de Fanon (1975, pp. 140-142):

> Le taureau, le scorpion, le léopard, l'éléphant et les poisons familiers,
> Et la pompe lactée des Esprits par le tan celeste qui a fini point,
> Mais voici l'intelligence de la déesse Lune et que tombe les voiles des ténèbres.
> Nuit d'Afrique, ma nuit noire, mystique et claire, noire et brillante.[1]

O autor, a partir desse trecho, continua com seu discurso etnográfico, desta vez em um outro código linguís-

---

[1] "O touro, o escorpião, o leopardo, o elefante e os peixes familiares,/ E o cortejo lácteo dos Espíritos pela poeira celeste que não termina,/ Mas eis a inteligência da deusa Lua e que tombam os véus das trevas./ Noite de África, minha noite negra, mística e clara, negra e/ brilhante."

tico, a língua francesa, que também faz parte de sua realidade, pois passou grande parte de sua vida em Paris. Neste discurso mostra, em linguagem conotativa, o esplendor de sua região, seu país. Animais de sua convivência, uns até mesmo familiares como os peixes. Louva as noites africanas, África negra, mas que se ilumina, torna-se branca pelos raios da poderosa lua nas trevas. Noite negra, clara e brilhante. Vê-se, neste paradoxo, a tentativa do autor de integrar as duas raças num equilíbrio perfeito, em que uma enfeita a outra. A partir dessa nossa interpretação, mais uma vez temos a presença polissêmica das leituras que se poderá fazer a partir de um mesmo discurso que, para existir, apresentam de maneira embutida outras vozes e experiências.

Citamos todos esses modelos para demonstrar que os discursos são multiculturais porque surgem em contextos variados e que são, sempre, produzidos a partir de outras realidades discursivas. Desse modo terão vários níveis de compreensão.

No próximo capítulo apresentaremos os temas da dialogicidade e polifonia do discurso tendo por base as reflexões de Bakhtin, sabendo-se que essas características constitutivas do texto sofrem interferências e influências dos Estudos Culturais.

2. A polifonia e a dialogicidade do discurso em Bakhtin

> *Na realidade, toda palavra comporta duas faces. Ela é determinada tanto pelo fato de que procede de alguém, como pelo fato de que se dirige para alguém. Ela constitui justamente o produto de interação do locutor e do ouvinte. Toda palavra serve de expressão a um em relação ao outro.*
>
> Mikhail Bakhtin

Dentro dos textos encontramos duas características muito fortes, tanto no que concerne ao seu contexto de produção como de interpretação: o diálogo que se estabelece com os seus autores e as várias vozes presentes no próprio texto, fruto de leituras e experiências dos dois interlocutores (emissor e receptor) que lhes dão sentido. Na epígrafe acima, Bakhtin deixa bem clara essa realidade interativa e de expressão mútua através da palavra. Ele chama estas características textuais de *dialogicidade* e *polifonia* do discurso. Sendo dois elementos essenciais para o processo de leitura e interpretação de textos. Portanto, esse nosso percurso teórico terá por base as propostas bakhtinianas sobre essas realidades do discurso.

Bakhtin (1997a, p. 123) afirma que

> a verdadeira substância da língua não é constituída por um sistema abstrato de formas linguísticas nem pela enunciação monológica e isolada, nem pelo ato psicofisiológico de sua produção, mas pelo fenômeno social da interação verbal, realizada através da enunciação ou das enunciações. A interação verbal constitui assim a realidade fundamental da língua.

Como se vê, Bakhtin tem uma concepção de língua em uso totalmente divergente da estaticidade daqueles que a pensam como representação do pensamento, como código parado e legalizado em uma gramática. A língua, realmente, acontece na interação e é dinâmica de acordo com a época e seus contextos.

Toda linguagem, portanto, é dialógica, não só a coloquial, como também a científica, a estética, a religiosa, em todos os seus gêneros textuais. Esse diálogo se estabelece no momento em que se concorda ou se discorda, emitem-se opiniões, selecionam-se ou se apagam ideias. É a partir desses constantes diálogos que se constitui o novo texto.

Para Bakhtin, as relações dialógicas constituem um fenômeno quase universal que penetra toda a linguagem humana, como também as relações e manifestações da vida humana – é o que chamamos de "grande diálogo". O autor ainda afirma (1979b):

> É desse modo que essa orientação dialógica interna da palavra "eu" (minhas palavras) se encontra na intimidade em relação com a palavra do outro (orientação dialógica interna, polifonia), sem, no entanto, fundir com ela, sem absorvê-la nem absorver seu valor, isto é, conserva completamente a sua autonomia enquanto palavra.

Bakhtin ainda expõe os contextos em que as relações dialógicas são possíveis:

a) entre os estilos de linguagem, os dialetos sociais etc., desde que eles sejam entendidos como certas posições semânticas, como uma espécie de cosmovisão da linguagem, isto é, numa abordagem não mais linguística.

b) com a sua própria enunciação como um todo, com partes isoladas desse todo e com uma palavra isolada nele, se de algum modo nós nos separamos dessas relações, falamos com ressalva interna, mantemos distância diante delas, como que limitamos ou desdobramos a nossa autoridade.

c) (numa abordagem ampla das relações dialógicas), entre outros fenômenos conscientizados desde que estes estejam expressos numa matéria sígnica. Por exemplo, as relações dialógicas são possíveis entre imagens de outras artes (essas relações ultrapassam os limites da metalinguística).

A voz do outro, evocada no discurso do *eu*, instaura o fenômeno polifônico. Essas vozes permanecem independentes, mas combinam-se em vontades que poderão se tornar arte.

Se tomarmos como exemplo, vamos dizer, um romance urbano de José de Alencar, vemos aí que o mesmo escutou o diálogo de sua época e captou não só vozes isoladas, mas relações dialógicas entre as vozes a partir da interação. Vozes fortes, oficiais e não oficiais de seu contexto histórico.

Como vemos, o circuito de vozes (dialogismo e polifonia) comprova o fascínio poderoso que se exerce por meio da linguagem. O texto corresponde a um emaranhado de vozes em que predomina aquela que detém o poder social através das práticas discursivas. Essas vozes se expressam a partir de seus lugares (posições) sociais diferenciados, representando diferentes graus de autoridade, de poder e de conhecimentos. A polifonia, portanto, atravessa a língua, outros discursos e o próprio sujeito dado pela alteridade da interlocução.

Ruiz (2001) elucida claramente para nós essa relação bakhtiniana, quando diz:

> Isso pode ser mais bem entendido se tomarmos de empréstimo a Bakhtin (1997c) as noções de *outro* e de *acabamento*, dentro do princípio dialógico que funda a sua concepção de linguagem. Para esse autor o *dialogismo* é a condição da constituição do *sujeito* e do sentido do texto. Deslocado do papel central e fixo da relação *eu-tu*, o *sujeito* passa a se constituir no espaço interacional entre ambos, onde o *outro* lhe dá existência. Assim, todo o discurso é elaborado em função do *outro*, pois é o *outro* que condiciona o discurso do *eu*. O que atribui um sentido totalizante ao texto, portanto, é a virtualidade, o *acabamento* que lhe é atribuído pelo *outro*. O que dá *acabamento* a um discurso é a mudança de locutor, isto é, a *atitude responsiva* do *outro* já nele presente. Na fala, isso fica mais evidente com a alternância dos turnos conversacionais – o todo de cada enunciado se constrói na medida em que as vozes dos interactantes se revezam. Na escrita, apenas a perspectiva do *outro* no texto é que torna possível o seu todo. *O autor só dá "acabamento" ao seu texto quando o "dá ao público"*, isto é, quando instaura a possibilidade real de uma *contrapalavra* do *outro*, neste caso o leitor, ao seu enunciado (grifo nosso).

Como se vê, os textos, sejam eles orais ou escritos, são constituídos a partir desse diálogo que o sujeito leitor estabelece com o outro autor a partir das várias vozes presentes nos interlocutores. A mesma autora, ao tratar das correções de redações com indicativas corretivas no pós-texto, evoca essa tese de Bakhtin ao afirmar que os bilhetes feitos pelo professor e respondidos pelos alunos, sejam em forma de refacção textual ou mesmo de um outro bilhete, mostram a interação perfeita e escrita de um *eu* e um *tu*. Sendo, portanto, essa relação discursiva altamente polifônica. Conclui-se que essa troca de bilhete entre os sujeitos seria a alta expressão da dialogicidade, sendo o texto e o trabalho de revisão e retextualização[1] o elemento base do discurso.

A professora Eliana Ruiz (2001) ainda critica a forma de correção resolutiva no diálogo que os professores estabelecem com seus alunos, pois os mesmos são levados a reproduzir somente aquilo que seu interlocutor já propôs, tolhendo totalmente a liberdade do outro na manutenção da autêntica dialogicidade. O redizer do aluno seria uma espécie de paráfrase ou de um desdizer do texto de origem (1ª versão).

Com essas constatações, infere-se que em todo o processo de construção textual e de seu entendimento é fundamental a importância da LEITURA, *sempre recontextualizada*, para que possa ser provida de sentido; senão não seria leitura, mas uma mera decodificação alfabética.

No ato de ler, portanto, toda e qualquer sequência linguística que gere dificuldades para o leitor reduz a compre-

---

[1] Tratamos aqui o vocábulo "retextualização" na perspectiva de Marcuschi, em que o aluno é convidado a revisar e a reescrever novamente o seu texto. Ao termo "refacção", utilizado nas linhas anteriores, atribuímos este mesmo sentido, como também "reelaboração textual" ou "reescrita", quando for preciso citar em outras ocasiões desta obra.

ensão total do discurso. Esse estranhamento poderá originar-se de uma insegurança da própria tipologia textual, dos objetivos da interlocução não alcançados, das condições de produção e recepção desse mesmo texto. Para Koch (1997), existem quatro tipos de estratégias textuais no que concerne à produção textual e que se pode aplicar amplamente no processo de construção de sentidos a partir da leitura:

a) a *organização da informação*, que diz respeito à distribuição do material linguístico na superfície textual, ou seja, o dado (aquilo que já se sabe) e o novo, que precisa ser entendido pelos leitores, que deverão usar todos os artifícios necessários para o pleno entendimento: dicionários, manuais, livros didáticos...

b) a *estratégia de formulação*, de ordem cognitivo-interacional, entre os quais incluem-se as de inserção e reformulação, influencia não só no processo de escritura, mas também no de leitura, pois este precisa refazer ideias, subtrair e adicionar outras.

c) a *estratégia de referenciação*, que retoma os termos referentes, seja anafórica ou cataforicamente (aprofundaremos posteriormente a noção desses termos da coesão textual). O leitor maduro sabe prever e buscar os referentes para manter a coerência textual.

d) e, finalmente, a *estratégia de balanceamento*, que regula aquilo que necessita ser explicitado textualmente e o que permanece implícito, por ser recuperado pelas inferências dos leitores conforme os vários graus de maturidade (contexto de enunciação).

É importante ainda que o leitor entenda todo o processo de coesão referencial, aquela que remete ao referente anterior, como também a coesão sequencial, que através dos conectores vai sequenciando o texto, favorecendo a sua fluidez (cf. Koch, 1997). Uma coesão benfeita e entendida vai favorecer a coerência dos textos como a possibilidade de se estabelecer o sentido textual como um todo, em sua globalidade.

Como vemos, todos esses elementos da composição textual fazem-se necessários para a verdadeira e total compreensão dos textos e comprovam essa presença dialógica e polifônica dos discursos.

Ainda a respeito da compreensão, Marcuschi (1996) afirma que o ato de compreender não é uma atividade de precisão, mas também não é um ato impreciso, de adivinhação. Seria, portanto, uma atividade de seleção, reordenação e reconstrução, com permissão para uma certa margem de criatividade. "A compreensão é, além de tudo, uma atividade dialógica que se dá na relação com o outro. É uma via de mão dupla" (p. 74).

Uma outra forma de pensar o dialogismo a partir da comunicação entendida como uma relação de alteridade, em que o *eu* se constitui pelo reconhecimento do *tu*, como já vimos anteriormente, isto é, em que o reconhecimento de si se dá pelo reconhecimento do outro, fundamenta, de certo modo, toda a investigação de Bakhtin nas diversas áreas em que desenvolve as suas reflexões: filosofia da linguagem, questões epistemológicas (teoria do conhecimento), história e teoria do romance... Sendo que para Martins (1990), cada uma dessas áreas corresponderia, respectivamente, a uma reflexão: a filosofia da linguagem, aos estudos da enunciação; a teoria do conhecimento através da noção de intertextualidade e a teoria do romance, contemplada no conceito de polifonia.

O objeto da filosofia da linguagem seria, no entanto, a própria linguagem e não podemos reduzi-la a uma simples configuração sonora. Para Bakhtin as "seduções do empirismo fonético superficial" não acrescentam muita coisa ao estudo da natureza da linguagem enquanto código ideológico. Flores (1998, p. 11) ao comentar essa postura afirma:

> Na certa Bakhtin (Voloschinov)[2] se refere aqui à teoria fonética em seu estágio inicial, fortemente influenciada pelo estruturalismo saussuriano cujo estudo estava restrito às possibilidades articulatórias e acústicas dentro do sistema linguístico. Os trabalhos que realmente revolucionaram o estudo fonético/fonológico foram desenvolvidos por Jakobson em data posterior à publicação de Marxismo e Filosofia da Linguagem. Cabe, portanto, a observação de que Jakobson, embora não tenha comprometimento teórico com o materialismo dialético, propõe uma análise da substância fônica com referência à substância semântica dentro de uma perspectiva que se pode chamar de pré-enunciativa.

Como vemos, Bakhtin trata do empirismo fonético anteriormente às reflexões de Jakobson quando o acento ainda era posto somente nas estruturas. Este autor unifica o elemento fônico ao seu substrato semântico, fazendo uma

---

[2] Esses estudos provêm de sua obra *Marxismo e filosofia da linguagem* (1929), sob o nome de Voloschinov. Segundo nota de rodapé em Flores (1998, p. 9), citando Clark & Holquist (1984), os livros assinados por Voloschinov a respeito de linguística, de Freud à teoria literária, devem ser atribuídos a Bakhtin.

transposição do caráter meramente codificador para a realidade de significância. Tal processo será sempre recontextualizado conforme as vivências dos leitores. Experiências que são manifestadas em todos os níveis: linguístico, social, econômico, religioso, étnico etc.

À orientação do objetivismo abstrato interessa apenas o sistema de regularidades fonéticas, normativo-gramaticais e lexicais da língua, que tem a função de garantir a sua unidade, eliminando totalmente a unicidade do meio social e de seus contextos. Para Flores (1998, p. 12)

> o objetivismo abstrato só admite o ato individual de criação quando ligado a um sistema linguístico imutável, em um dado momento histórico e supraindividual.

Nesse sentido, a noção de língua considera somente as convenções e arbitrariedades do sistema linguístico sem a referência do signo à realidade e ao indivíduo, ou seja, a relação entre os signos dentro do sistema que explicará a sua lógica interna.

Quando consideramos a língua como uma atividade, um processo dinâmico e de interação, colocamos o acento não no objeto, mas sim nos sujeitos usuários dela, nascendo, assim, uma consciência subjetiva do locutor das determinadas comunidades linguísticas e em um dado momento histórico.

Bakhtin faz, portanto, uma crítica ao sistema de normas imutáveis, visto que ao acrescentar a ideia de consciência subjetiva do locutor passa a contemplar a língua imersa na realidade enunciativa concreta, servindo à sua proposta de comunicação, não se importando com as formas invariáveis, mas sim com a sua função em determinado contexto. Não pronunciamos palavras desprovidas de sentidos, mas cheias de significados, palavras de amor e raiva, de verdade e mentira, de sentimentos, de transcendência etc. Todo processo de enunciação está impregnado de conteúdos ideológicos e dialógicos, e isto faz evitar a queda para o extremo monologismo.

Portanto, Bakhtin dirige sua crítica ao privilégio da descrição formal, imutável e normativa sobre aquilo que é dinâmico, concebendo a interação como um produto da relação de dois ou mais indivíduos organizados em sociedade, mesmo que esses indivíduos sejam figuras representativas de determinadas comunidades. Assim a unidade linguística passa a ser o diálogo independentemente do tipo e dos gêneros em tela.

Para Flores (1998, p. 15):

> Sinteticamente, pode-se dizer que Bakhtin (Voloschinov) faz o seguinte percurso: concebe o diálogo como a unidade real da linguagem, entretanto, o diálogo é o produto da relação de alteridade existente entre duas consciências socialmente organizadas. Assim, para que o locutor se apresente enquanto tal é necessário que já seja uma consciência que se reconhece no outro: "aquele que apreende a enunciação de outrem não é um ser mudo, privado da palavra, mas ao contrário um ser cheio de palavras interiores" (p. 147). Dessa forma, Bakhtin (Voloschinov) une sua concepção de diálogo à de natureza ideológica, semiótica e linguística da consciência, "a palavra vai à palavra" (p. 147).

Como se vê, esse se reconhecer no outro, na atividade dialógica, apresenta-se com toda uma carga de identificação ideológica, de afinidades de consciências que passa pela interpretação semiótica e o entendimento linguístico em comum dos interlocutores. Seja em uma conversa sem formalidades, ou mesmo na academia, para que a atitude dialógica seja plenificada, susceptível e inteligível. Sabendo-se que na oralidade e dependendo do contexto dialogal, admitem-se as diferenciações fonéticas, morfológicas, sintáticas e até mesmo semânticas da língua. Mas o diálogo não deverá ser reduzido a uma descrição lógico-semântica. Se por um lado, as regularidades lógicas são fundamentais para as relações dialógicas, por outro lado não se reduzem a elas dada a sua própria especificidade. A condição para que as relações lógico-semânticas se tornem dialógicas é que sejam concretizadas em discursos (enunciados) e assumidas por determinado autor discursivo do qual as regularidades expressam uma posição.

Passaremos a vislumbrar agora a concepção bakhtiniana de *gêneros do discurso*, fundamental para os processos comunicativos, visto que a língua se manifesta oral ou através da escritura de diversos modos discursivos ao longo da história. Os gêneros de discurso são, portanto, possibilidades de utilização da língua, pois a ação humana está diretamente ligada à utilização da língua que nos identifica como seres humanos racionais com o privilégio de ser dotado de palavra. Esses gêneros ocorrem nas mais variadas esferas da atividade humana. Por exemplo, pode-se ver o que há em comum e de diferente entre uma carta pessoal e um romance; entre um rótulo e um outdoor, entre um e-mail e uma aula, via IP.TV, entre alguém que pertença à academia e um outro de contexto rural, muitas vezes, semialfabetizado. Vemos aí a presença de diálogos em diferentes estilos de gêneros, dialetos e, finalmente, entre signos de outra natureza que não a linguística. Bakhtin propõe que a estilística e os gêneros estejam em relação, visto que as mudanças do estilo são inseparáveis das mudanças dos gêneros. Critica, ainda, a função da supremacia concedida ao locutor na linguística do século XIX, propondo tanto uma atitude quanto uma compreensão responsivas ativas.

Ao tratar da relação oração/enunciado (discurso), afirma que a primeira localiza-se, simplesmente, no nível sintático, portanto, descontextualizado e repetitivo, enquanto que os enunciados discursivos fazem parte da dialogicidade, sendo desse modo não repetíveis, opacos, indeterminados, heterogêneos. Portanto, a oração não dispõe de uma unidade significativa para o entendimento do discurso como um todo, mas a unidade de análise provida de sentidos é o enunciado entendido como uma realização linguística em que está implicado o eixo enunciação-subjetividade-dialogismo. Esse eixo era praticamente excluído da linguística clássica.

Como se observa, é de fundamental importância ao se rever as teorias de Bakhtin a presença do outro – SUJEITO nas relações discursivas. O discurso se refere diretamente ao sujeito que fala. Ao desejar reproduzir o discurso do outro em um momento assincrônico, fica claro que mesmo ao se colocar, estilisticamente, a presença de discurso direto e indireto e suas marcas na superfície do texto, como por exemplo o sinal do travessão, não se consegue uma reprodução total do outro. O autor em estudo afirma que mesmo que se queira ser o mais preciso possível, na transmissão do discurso de outrem em um diferente contexto, sempre ocorrem mudanças de significado. É por isso que ao se estudar as diversas formas de transmissão de outros, isso deve se dar em concomitância ao estudo de seu enquadramento contextual.

Ainda quanto aos gêneros do discurso, Flores (1998, p. 28) diz:

> Bakhtin explica que a atitude responsiva ativa é o fato de um ouvinte não se comportar apenas como um decodificador da língua, mas de adotar em relação ao dito uma atitude de concordância (ou não), complexificando o que é enunciado.

A teoria bakhtiniana, ainda, tomando o texto como uma unidade discursiva provida de sentidos, distingue o discurso das ciências naturais daquele das ciências humanas. Para ele o primeiro é desprovido de dialogismo, pois estuda o homem independentemente da produção textual, enquanto que no segundo o saber é sempre dialógico porque é um saber que se dá sobre o outro. Bakhtin propõe o termo "compreensão" para designar o processo de construção do saber nas ciências humanas, enquanto que o termo "conhecimento" ficaria restrito ao processo de saber monológico das ciências naturais. Portanto, fica claro que todo ato de compreensão deseja uma resposta efetiva, não de seres metalinguísticos abstratos, mas do outro, entre pessoas. Somente uma palavra poderá ser dialógica desde que leve um interlocutor a responder indagações de seu interior ou provenientes de outros. Assim fica claro que as diferenças entre o linguístico e metalinguístico situam-se no SUJEITO, que será ativo e responsivo. O sujeito é uma autoconsciência que reflexivamente se constitui pelo reconhecimento do outro, no discurso. E nessa relação com o outro, o sujeito se reconhece e se constitui, adquirindo a consciência de si mesmo. A palavra é, também, sempre uma palavra do outro. Bakhtin faz uma teoria da linguagem intimamente relacionada com os sujeitos que a produzem. *O dialogismo acena para outros discursos que surgem em seu entorno e lhes atravessam. Temos já aqui, esboçada, a ideia de intertextualidade.*

Consideramos preponderante a presença desse capítulo sobre a dialogicidade e a polifonia do discurso, visto que são conteúdos fundamentais para o entendimento do processo de leitura, construção de sentidos e das constantes recontextualizações que os sujeitos dos discursos se obrigam a fazer. Como também foi de fundamental importância refletir outros temas desenvolvidos por Bakhtin, como significação, tema, gêneros discursivos, estilo, enunciação e enunciados.

Depois de termos visto que a teoria bakhtiniana apresentou-nos os discursos (textos) em sua interioridade linguística, como também seus processos de enunciação, nossa preocupação, agora, volta-se para os aspectos extratextuais, ou seja, os discursos vistos a partir da história e dos contextos de produção. Apresentaremos essa teoria a partir dos estudos do teórico francês Michel Foucault.

3. A arqueologia discursiva em Foucault

Para Foucault, a análise arqueológica dos discursos se dá a partir da história, por fora da superfície do texto; é o que chamamos de DISCURSO como MONUMENTO. O autor propõe uma escansão do discurso a partir dos contextos de época, sejam eles sociais, políticos, econômicos, religiosos, acadêmicos etc. Distingue diálogo de polêmica. Essa realidade paradoxal seria a guerra em tempo de paz, ou seja, os grupos de poder impondo os seus discursos à classe dominada.

Para Foucault, os discursos encontram-se sob as regras da modernidade (progresso, racionalidade, neoliberalismo, direitos humanos etc.), sendo de fundamental importância o entorno contextual em que são produzidos (arqueologia histórica). Apresenta-nos a ideia de *enunciados reitores* como um lugar em que estariam os discursos maiores, sendo que a partir destes emanariam os outros discursos de enunciados menores, como por exemplo a preocupação com a questão indígena e não somente com a pessoa do índio ou de determinada tribo; não com o negro em si, mas com a questão da negritude em geral – essas preocupações macro seriam um enunciado reitor. Foucault não se preocupou em analisar discursos de pessoas, mas aqueles que estão circulando de maneira profunda na sociedade, mesmo que no anonimato.

Podemos citar ainda exemplos bem contundentes para vermos como surgem as materialidades discursivas de grupos como a Unesco, o MEC, o MST, a CNBB etc. Eles são derivados dos processos de enunciação que têm por base a educação multicultural/ intercultural a partir dos seus atores sociais (os sujeitos de enunciação).

Carvalho (2004), a partir do roteiro foucaultiano de análise, apresenta as regras do discurso pela interculturalidade, sendo elas: a) regra de atribuição de objetos de saber do discurso pela interculturalidade; b) regra de ressignificação e de distribuição dos modos de enunciação do discurso pela interculturalidade; c) regra de negociação entre as múltiplas formas de expressão da multiculturalidade (gênero, raça, etnia, geração, identidade, sexualidade); d) regra de afiliação teórica; e) regra de normalização da representação da identidade.

a) *Regra de atribuição de objetos de saber do discurso pela interculturalidade:* encontramos, nas diferentes regiões discursivas, enunciados que portam uma "gramática" singular de inclusão de elementos que representam a multiculturalidade do povo brasileiro. Essa "gramática", por estar inserida no contexto de discurso educacional, identifica-se com uma diversidade cultural a ponto de construir uma identidade que parte das variedades culturais. Essa regra de atribuição de objetos de saber pela interculturalidade, nos seus aspectos de seleção e de ressignificação, poderá ter um melhor entendimento quando consideramos as relações entre o campo da emergência desses objetos, as instâncias de delimitação dos mesmos e as grades de especificação que os caracterizam (cf. Foucault, 1995).

b) *Regra de ressignificação e distribuição dos modos de enunciação do discurso pela interculturalidade:* esses modos de enunciação são representados pelas comunicações científicas, agendas educativas, manifestos, relatórios, panfletos etc. Referem-se às relações de poder/saber/ser, associadas a quem fala, de onde fala, como da importância social do discurso. Como vemos, os discursos são ressignificados a partir dos lugares de fala ou de escrita que vão influenciar fortemente seu momento de produção.

c) *Regra de negociação entre as múltiplas formas de expressão da multiculturalidade:* conforme Foucault (1995), o sistema de negociação dos conceitos se dá permeado pelas relações de poder entre os campos enunciadores do discurso pela interculturalidade, compreendendo: formas de sucessão, formas de coexistência e procedimentos de intervenção. As formas de sucessão dizem respeito aos modos de se arrumarem os conjuntos enunciativos. Por sua vez, as formas de coexistência referem-se a enunciados já formulados e que, às vezes, são repetidos em discursos de áreas diferenciadas. Nesses enunciados, os saberes de classe, de gênero, de etnia, reconhecidos como cultura popular, poderão ser ou não validados pelos discursos hegemônicos. Os procedimentos de intervenção são aplicados aos enunciados com técnicas específicas que garantem tanto a disseminação dos conceitos como a sua delimitação, apresentando-se como formas diversas de reescrita ou refacções de discursos já existentes.

d) *Regra de afiliação teórica da formação discursiva pela interculturalidade:* essa regra é como se fosse um contorno, uma moldura discursiva pela interculturalidade. *Vários discursos teóricos poderão se afiliar mutuamente a partir de temas que poderão formar uma mesma unidade semântica.* Citaremos como exemplo: o discurso do mundo do trabalho, da academia, da igreja, da política, da educação etc.

e) *Regra de normalização da representação da identidade:* os processos de subjetivação dos indivíduos envolvem tecnologias de classificação e de divisão, produzindo formas diversas de ser e de dizer, de andar e de relacionar-se. São procedimentos que revelam os efeitos de poder que normatizam as formas de ser dos indivíduos e dos grupos sociais e culturais, formando assim uma identidade pessoal e cultural *que vão motivar a variedade discursiva em suas realidades de produção.*

Partindo do contexto da arqueologia discursiva de Foucault, ainda, iremos apresentar três eixos de grande significação para a produção dos discursos multiculturais e suas eventuais recontextualizações a partir de mudanças históricas. O *eixo sociopolítico*: faz parte desse eixo aqueles discursos que provêm dos movimentos sociais populares dos grupos que exercem domínio do poder. O *eixo epistemológico* do discurso intercultural no âmbito dos movimentos sociais anticolonialistas, étnicos, raciais, de mulheres, que tinham como base a problematização da desigualdade social e da exclusão. Seria um corpo teórico de discursos que buscam entender esta realidade contemporânea. O *eixo pedagógico*, conforme Carvalho (2004, p. 302)

> está anunciado pelas racionalidades sociopolítica e epistemológica que afirmam a educação intercultural na perspectiva da democratização das relações entre diferentes saberes e dos direitos humanos, e o acesso ao conhecimento como um elemento de humanização do humano.

São essas racionalidades implícitas aos enunciados das regiões discursivas que sustentam uma prescrição dialógica entre as culturas e a constituição de um sujeito "cidadão multicultural".

Como vemos, Foucault traz, com efeito, a centralidade da relação entre práticas discursivas e a produção histórica dos sentidos. Ele deseja afirmar que o objetivo do método arqueológico é definir não os pensamentos, as representações, as imagens, os temas, as obsessões que se ocultam ou se manifestam nos discursos, *mas os próprios discursos enquanto práticas que obedecem a regras*. A arqueologia procura apanhar o sentido do discurso em sua dimensão de acontecimento (enunciação): cada palavra, cada texto, por mais que se aproximem de outros textos, nunca serão idênticos aos que o precederam.

Ele trata de fazer uma investigação porque apareceu e nenhum outro veio substituí-lo. Os enunciados não são contínuos e essa descontinuidade é que permite ao historiador transformar os documentos em monumentos.

Em sua arqueologia do saber, torna-se central a discussão do conceito de "história" e sua relação com o método arqueológico. É dessa articulação que se originam os seus conceitos ligados à teoria do discurso (Gregolin, 2008):

a) *A noção de acontecimento discursivo:* o afastamento de noções utilizadas pela História tradicional (continuidade, linearidade, causalidade, soberania do sujeito) e a afirmação dos conceitos da "nova História" (descontinuidade, ruptura, limiar, série, transformação) estão na base da proposta foucaultiana para análise dos discursos... Foucault propõe entender os acontecimentos discursivos que possibilitam o estabelecimento e a cristalização de certos objetos em nossa cultura... Enxerga no enunciado uma articulação dialética entre singularidade e repetição: "de um lado, ele é um gesto; de outro liga-se a uma memória, tem uma materialidade; é único mas está aberto à repetição e se liga ao passado e ao futuro".

b) *O conceito de enunciado:* pensando-o como uma função, Foucault descreve o enunciado a partir de oposições com outras unidades – frases, proposição, atos de fala... Ele mostra que o que torna uma frase, uma proposição, um ato de fala a ser um enunciado é justamente a função enunciativa: o fato de ele ser produzido por um sujeito em um lugar institucional, determinado por regras sócio--históricas que definem e possibilitam que ele seja enunciado... *pois entre o enunciado e o que ele enuncia não há apenas relação gramatical, lógica ou semântica; há uma relação que envolve os sujeitos, que passa pela História, que envolve a própria materialidade do enunciado.*

c) *A formação discursiva:* sendo o enunciado dialeticamente constituído pela singularidade e pela repetição, a sua análise deve, necessariamente, levar em conta a dispersão e a regularidade dos sentidos que se produzem pelo fato de terem sido realizados. "Sempre que se puder descrever, entre um certo número de enunciados, semelhante sistema de dispersão e se puder definir uma regularidade (uma ordem, correlações, posições, funcionamentos, transformações) entre os objetos, os tipos de enunciação, os conceitos, as escolhas temáticas, teremos uma formação discursiva."

Foucault institui o território da História como campo das *formações discursivas*, nelas se encontram o discurso, o sujeito e os sentidos...

Tudo que dissemos até agora sobre a arqueologia foucaultiana do discurso foi para servir de base às nossas teorizações sobre os processos de leitura e recontextualizações diante das interpretações de textos, sejam eles orais ou escritos.

Como já vimos observando, é grande o destaque do tema da enunciação nos estudos históricos do discurso. Inferimos também que a enunciação, em termos discursivos, é compreendida como acontecimento que se ancora em determinado contexto, articulando intrinsecamente práticas de linguagem e produção do social. Nesse sentido, não interessam as operações de um sujeito falante em um ato individual isolado na realização da linguagem, mas as possibilidades de emergência histórica de algumas práticas linguísticas associadas a produções sociais e suas variadas formas de apreensão. Portanto, do ponto de vista discursivo, não se estudam os modos que o sujeito da enunciação utiliza para propor a linguagem, mas as várias construções históricas e sociais das práticas linguísticas. Os modos da produção dos discursos são uma preocupação dos enunciados, que se constituem como marcas dos sujeitos da enunciação (escolhas de determinados pronomes, advérbios, arrumação estilística das sentenças).

Foucault não vê a história totalmente na perspectiva judaica de tempo, ou seja, linear, com começo, meio e fim, mas ultrapassa esse conceito ao fazer recortes históricos bem precisos na intenção de demonstrar não só os novos saberes que emergem em determinados momentos históricos, mas sobretudo como eles se relacionam entre si e desenham de uma maneira horizontal novas formas coerentes de conhecimento. Essa postura também interfere no contexto da análise dos discursos e de suas constantes recontextualizações. Quer dizer mesmo no processo linear, os recortes contextuais são marcantes para a retomada do caminho histórico.

Portanto, sendo os enunciados produzidos a partir dos processos enunciativos, é necessário lembrar, por exemplo, a relação entre um autor e sua obra. Para Foucault, um livro não é um todo acabado, não tem por si só uma autonomia, mas liga-se com outras obras. Assim não se encontraria uma homogeneidade garantida por uma coerência interna de determinado livro com relação a outros. As intenções do autor veiculadas pelo seu texto não seriam estáveis em sua totalidade, mas mutáveis conforme os contextos de recepção histórica emergencial. Veremos o que ele mesmo aponta em *A arqueologia do saber* (2004, pp. 98-136):

> O enunciado não é, pois, uma estrutura (isto é, um conjunto de relações entre variáveis, autorizando assim um número talvez infinito de modelos concretos); é uma função de existência que pertence, exclusivamente, aos signos, e é a partir da qual se pode decidir, em seguida, pela análise ou pela intuição, se eles "fazem sentido" ou não, segundo que regra se sucedem ou se justapõem, de que são signos, e que espécie de ato se encontra realizado por sua formulação (oral ou escrita) [...]. Esse valor [dos enunciados em relação à formação discursiva] não é definido por sua verdade, não é avaliado pela presença de um conteúdo secreto; mas *caracteriza o lugar deles, sua capacidade de circulação e de troca, sua possibilidade de transformação*, não apenas na economia dos discursos, mas na administração, em geral, dos recursos raros (grifo nosso).

Vemos aqui, claramente, a concepção enunciativa de Foucault, ou seja, as interpretações dos enunciados variam pelo lugar histórico em que se apresentam tanto no momento de produção, como também no de recepção. Conforme Deusdará (2008, s.p.):

a configuração de um quadro teórico da Análise do Discurso de base enunciativa pauta-se não em um percurso, mas em múltiplas iniciativas, em certos gestos de ruptura com modelos de análise e interpretação dominantes. Entre esses gestos de ruptura, encontra-se o método arqueológico de Foucault.

Conclui-se que a interpretação textual já aprovada pela comunidade científica é apenas uma das formas de se chegar à intenção dos autores em seus momentos de enunciação. As constantes rupturas variam pelos contextos históricos de recepção e até mesmo psicológicos daqueles que interpretam. Portanto, ainda segundo o pensamento de Deusdará, os enunciados não se definem como uma totalidade fechada em si mesmo, mas sempre se mostram como um ícone lacunar e retalhado, não possuindo "uma identidade própria que o defina em termos de estruturas, mas proximidades, positividades que se marcam na relação com outros enunciados".

Os enunciados assim vão tomando novas formas no tempo e no espaço, fazendo do próprio sujeito (escritor/locutor – leitor/ouvinte) uma função enunciativa.

Portanto, a preocupação de Foucault é muito mais com o discurso do que com a linguagem em si. O discurso pelo qual as pessoas se fazem perguntas, respondem umas às outras, interagem; discursos estes na modalidade de um arquivo histórico. Sendo assim, eles se constituem como um conjunto de acontecimentos que possuem uma materialidade, um lugar social e coexistem nas relações. Nesta materialidade, criam realidades, transformam e recriam o mundo. Eles ainda são uma espécie de atividade histórico-política que procuram responder como os saberes aparecem e se transformam a partir de confrontos e lutas pelo poder, o que faz concluirmos que por trás de todo saber (ato de conhecer) encontra-se um jogo de luta e poder.

Na construção foucaultiana, o saber, o poder e a constituição de si surgem como um tripé para a problematização do pensamento. Tal problematização remete à produção de modos de subjetivação que atravessam e atualizam os saberes, como também as relações de poder. A construção das subjetividades e de suas identidades se faz justamente a partir dos contatos com os diversos tipos de textos, de variados contextos históricos, que perpassam os diversos níveis de estruturas institucionais, criando possibilidades de uma readequação dos contextos através da atualização dos discursos, que terão como núcleo de interpretação esses mesmos sujeitos que os constituem e que são, também, constituídos por eles.

A arqueologia do discurso tem por propósito descrever a constituição do campo, entendendo-o como uma rede, formada na inter-relação dos diversos saberes. E é nesta rede, pelas características que lhe são próprias, que se abre o espaço de possibilidades para o nascimento discursivo e suas variedades de interpretações *a partir das constantes recontextualizações*. É claro que tipos de discursos já têm interpretações oferecidas pela comunidade científica, mas, como sabemos, os sujeitos leitores os constituem também a partir de sua história. A fonte histórica torna-se um subsídio quanto à construção de práticas de si que levam os sujeitos a se reconhecerem em seus próprios contextos, como possuidores de saberes já dados, mas que se abrem pela presença do novo e se refazem constantemente em um processo contínuo de trocas entre o conhecimento dado e a novidade que ora se incorpora.

Interpretar, portanto, não é apenas encontrar um significado comum e universal para determinado signo ou conjunto de signos, mas, sobretudo, imprimir e produzir uma verdade que submete a outros contextos enunciativos.

A essa altura das reflexões foucaultianas poderá haver alguém que se pergunte o motivo de estudar um teórico que, no contexto dessa obra, não se liga diretamente aos estudos das atividades linguísticas. Como vimos, devido às suas teorizações sobre o discurso e os processos de enunciação fundamentais para as questões interpretativas. Nesse momento, vem ao meu pensamento as palavras de Deleuze (2006, p. 108):

> Quando as pessoas seguem Foucault, quando têm paixão por ele, é porque têm algo a fazer com ele, em seu próprio trabalho, na sua existência autônoma. Não é apenas uma questão de compreensão ou de acordo intelectuais, mas de intensidade, de ressonância, de acorde musical. Afinal, as belas aulas se parecem mais a um concerto que a um sermão, é um solo que os outros "acompanham".

Com essa citação não queremos depreciar todo tipo de sermão, mas sabemos que aqueles que são mal preparados e sem mensagem verdadeiramente evangélica tornam-se cansativos, enfadonhos, em vez de motivar os ouvintes à conversão. Aliás, sermão é um gênero textual do discurso religioso, geralmente parenético (de cunho moral), sendo este o estilo oratório da Igreja Católica até a reforma litúrgica do Concílio Vaticano II. Quem não se lembra do famoso Sermão da Sexagésima do Padre Antônio Vieira? Uma grande sinfonia do Barroco brasileiro cujo teor interpretativo enraíza-se na fidelidade evangélica. Hoje chamamos de homilia (conversa familiar) o ato hermenêutico que se tem com relação aos textos bíblicos proclamados nas celebrações litúrgicas; muito mais exortativos do que moralistas, em harmonia com a imutável doutrina de Jesus Cristo.

Essa explanação sobre o discurso de Foucault quis preparar os leitores desta obra a entrarem nas reflexões de um outro tipo de compreensão textual que vai desembocar no discurso multicultural. São justamente as reflexões sobre as teorias críticas e pós-críticas do currículo um modo discursivo que vai influenciar nas práticas docentes em relação à língua portuguesa, partindo da proposta de Geraldi (2006), que entende o ensino da língua sobre a seguinte tríade: leitura/interpretação, produção textual e análise linguística.

4. As teorias críticas e pós-críticas do currículo como propostas para o ensino de Língua na escola: leitura/interpretação, produção textual e análise linguística

Para entendermos o discurso multicultural não poderíamos deixar de apontar para as diversas falas sobre as teorias do currículo, visto que as mesmas influenciam nos processos interpretativos. O currículo forma as identidades (subjetividades), que por sua vez produzem discursos conforme o seu lugar social.

Antes de chegarmos às reflexões sobre as teorias críticas serão necessários alguns comentários sobre a teoria tradicional, ou seja, aquela que foi criticada. Tal teoria esteve sempre a favor dos grupos de poder, das classes sociais dominantes, por isso ao se estudar o discurso curricular não se pode prescindir das conexões entre *saber*, *identidade* e *poder*.

Para o norte-americano Bobbitt, que em 1918 publicou a obra *The curriculum*, o necessário era formar para a reprodução social, ou seja, formar profissionais para as diversas funções sociais. Sabemos que o que determina uma profissão é justamente um saber, um fazer (técnica), uma ética e um reconhecimento social. Um outro teórico tradicional americano, Ralph Tyler, veio complementar os estudos sobre o currículo iniciado por Bobbitt, propondo um currículo centrado na organização e no desenvolvimento, sob a égide das formas de ensino e na avaliação. Segundo Silva (2007) esse estilo de currículo era uma herança da educação universitária da Idade Média na forma chamada *trivium* (gramática, retórica e dialética) e *quadrivium* (geometria, astronomia, aritmética e música), portanto um currículo altamente humanista com a supremacia marcante do masculino. Para o mesmo autor, a crítica começa justamente com os protestos contra a Guerra do Vietnã, movimentos feministas, grupos que se rebelaram contra as ditaduras militares. As teorias críticas lançam uma completa inversão dos fundamentos das teorias tradicionais. Essas teorias criticam a dominação, as desigualdades sociais e questionam-se sobre as transformações da sociedade, propondo uma mudança radical no pensar e no agir.

O discurso das teorias críticas se fundamenta sobre as reflexões neomarxistas e as ideias da Escola de Frankfurt: a fenomenologia, a hermenêutica, a autobiografia e a antropologia cultural. No Brasil, colocamos em destaque o pensamento de Dermeval Saviani, com sua pedagogia dos conteúdos, e Paulo Freire, com a pedagogia libertadora.

Entre os neomarxistas, destacamos o filósofo francês Louis Althusser (1983) que critica a reprodução social do capitalismo através dos aparelhos ideológicos do Estado:

a religião, a família, a escola e a mídia, sendo que a escola transmite sua ideologia através do discurso curricular. Althusser procura ver a relação entre escola e economia, entre educar e produzir.

Na relação com a cultura, destacamos Pierre Bourdieu e Jean-Claude Passeron (1975). Para eles a reprodução social está centrada no processo de reprodução cultural. A partir de sua valorização social esta cultura se torna um *capital cultural*, podendo aparecer, conforme Silva (2007), em três estágios: *objetivado* nas obras literárias de toda forma e gêneros, *institucionalizado* pelos certificados, diplomas e titulações, e *introjetada* no meio social.

O discurso escolar, desse modo, acaba por atuar como um mecanismo de exclusão, já que a reprodução cultural só vai favorecer a um tipo de cultura dominante.

A Escola de Frankfurt, ao colocar como uma de suas características, com relação ao discurso curricular, a fenomenologia, quis acentuar os significados subjetivos que as pessoas dão às suas experiências pedagógicas. Experiências estas realizadas no cotidiano, nas vivências relacionais dentro das diversidades dos contextos sociais, constituindo assim as intersubjetividades. Esses significados manifestam-se através da linguagem, e são ligados aos aspectos fenomenológicos de onde surge a questão da hermenêutica como a capacidade multi-interpretativa dos textos, sejam eles escritos, orais ou iconográficos. Essas interpretações são dadas a conjuntos de significados. Já a autobiografia combina-se com a fenomenologia para enfatizar aspectos formativos do currículo.

O método autobiográfico permite investigar as formas pelas quais as nossas subjetividades e identidades são formadas. E, finalmente, a antropologia cultural define a cultura a partir de leituras contextuais feitas de um determinado local social. A cultura seria uma criação e produção humana. Não se deverá fazer, portanto, distinção entre cultura erudita e cultura popular, pois ambas são os resultados de qualquer trabalho humano, não havendo uma cultura superior, mas culturas.

Paulo Freire (1970), em sua *Pedagogia do oprimido*, propõe uma revolução através de uma educação problematizadora para, em seguida, unificar-se no humano. Para ele, o conhecimento está relacionado com suas formas de representação nos textos e nos discursos (dialogicidade). Critica a "Educação Bancária" por desvalorizar as culturas e as crenças das classes dominadas (os oprimidos), se bem que deseja transformar tanto os oprimidos como os opressores.

Ainda, fazendo a crítica às teorias tradicionais do currículo, temos Michael Apple (1982) e o já citado Henry Giroux (1986), que opõem controle e resistência nas relações de poder, pois a escolha de um currículo ou de determinado discurso está embutida em uma determinada ideologia e atitudes de poder. Toda escolha detém um poder. A parte da sociedade que não possui um discurso forte torna-se a camada de resistência. Giroux "acredita que é possível canalizar o potencial da resistência demonstrado por estudantes e professores para desenvolver uma pedagogia e um currículo que tenham um conteúdo claramente político e que seja crítico das crenças e dos arranjos sociais dominantes" (Silva, 2007, p. 54). Portanto os estudantes deverão ter sempre VOZ.

As teorias pós-críticas do currículo trazem, em seu campo de reflexão, a construção das identidades a partir das diferenças que se desenrolam provindas dos discursos multiculturalista, pós-modernista, pós-estruturalista e pós-colonialista. Essas identidades são definidas não por questões da natureza, mas é o social (as relações) que lhes atribui significados. Na construção social, as identidades poderão ser sufocadas pela linguagem e pelos discursos.

O discurso multicultural prega a união de todas as culturas sem a supremacia de nenhuma delas. Os diferentes grupos culturais estariam igualados por sua comum humanidade. Para Silva (2007, p. 87):

> A perspectiva crítica de multiculturalismo está dividida, por sua vez, entre uma concepção pós-estruturalista e uma concepção que se poderia chamar de "materialista". Para a concepção pós-estruturalista, a diferença é essencialmente um processo linguístico e discursivo. A diferença não pode ser concebida fora dos processos linguísticos de significação. A diferença é uma característica natural: ela é *discursivamente produzida* (grifo nosso).

É por isso que, como já dissemos anteriormente, segundo os pós-estruturalistas Foucault e Derrida, as diferenças culturais são detectadas a partir dos discursos e da linguagem (textos).

O discurso multicultural, então, está altamente permeado pelas discussões de gênero, do movimento feminista, da etnia, da raça e da sexualidade.

Quanto às questões de gênero, observamos, pela própria história, que o gênero feminino é sempre considerado "inferior", apresentado em vários tipos de estereótipos, como por exemplo na literatura clássica, em que a mulher é sempre a dona de casa, quem faz a alimentação, costura, borda, cuida dos filhos... O homem, por sua vez, é o pensante, aquele que estuda e que tem a força e o poder de mandar. A teoria feminista colocou a mulher em igualdade com relação aos homens, tanto na convivência do lar como fora dele. Aliás, Deus criou o homem e a mulher iguais e com a mesma dignidade; foram os contextos sociais que deformaram essa vontade inicial do Criador.

Com relação a etnia e raça, temos como conceituação do primeiro termo as identificações baseadas em características culturais, como religião, maneira de viver, língua etc., e o segundo mais ligado aos caracteres físicos, como a cor, por exemplo. Constata-se que os grupos étnicos e raciais considerados minoritários têm fracassado na escola, isso porque a instituição sempre constituiu como saber de valor aqueles provenientes das classes dominantes. É neste sentido que essa temática aparece nas reflexões multiculturalistas, desejando sair do quase anonimato de um tema transversal nos currículos para uma situação de igualdade com os outros contextos.

O discurso pós-modernista caracteriza-se, logo, pela crítica à razão instrumental da modernidade em vários campos: intelectuais, políticos, éticos, estéticos. Aqui o sujeito não é o centro das ações sociais, pois ele não pensa, mas é pensado, falado e produzido. Em substituição às narrativas objetivas do pensamento moderno, tem-se a afirmação do subjetivismo das interpretações parciais e contextualizadas.

O pensamento pós-estruturalista teoriza sobre *a linguagem e os processos de significação* e vem opor-se às estruturas de Saussure e Jakobson. Os significados, portanto, são culturais e socialmente produzidos. Enquanto Saussure preocupou-se mais com a descrição da língua, esses se interessam pelos estudos das falas em seus contextos de uso. Foucault e Derrida são os expoentes dessa teoria, o primeiro aprofundando a temática dos discursos e o segundo as questões textuais.

O discurso pós-colonialista faz a crítica aos colonizadores com suas colônias: dominadores e dominados, colonizadores e colonizados. Nas obras literárias vemos claramente essa crítica, muitas delas constituindo-se como narrativas de resistência ante o olhar e o poder imperiais. As metrópoles impunham às suas colônias suas formas linguísticas, deixando em segundo plano as línguas nativas. Destacamos aqui dois autores: o martiniquês Frantz Fanon, autor da obra *Peles negras, máscaras brancas*, e Edward Said, que se preocupou com o mundo oriental como sendo uma construção do ocidente, de certo modo colonizado pelas práticas ocidentais. Os pós-colonialistas unem cultura, política, ética, arte, interpretações... Refletem, também como os neomarxistas, os temas da dominação e da resistência e questionam determinadas datas comemorativas como experiências superficiais. Realmente datas como o Dia Internacional da Mulher ou o Dia da Consciência Negra poderão ficar somente como se diz na expressão popular: no "oba-oba", enquanto uma reflexão mais profunda, que possa levar às transformações radicais, pode ficar no esquecimento, o que faria dessas datas apenas uma rotina de passeatas e feriados...

Repetiremos agora as palavras cheias de significado de Silva (2007, p. 150):

> Em suma, depois das teorias críticas e pós-críticas, não podemos mais olhar para o currículo com a mesma inocência de antes. O currículo tem significados que vão muito além daqueles aos quais as teorias tradicionais nos confinaram. O currículo é lugar, espaço, território. O currículo é relação de poder. O currículo é trajetória, viagem, percurso. O currículo é autobiografia, nossa vida, *curriculum vitae*: no currículo se forja nossa identidade. O currículo é texto, discurso, documento. O currículo é documento de identidade.

Foi a partir dessas reflexões de Tomaz Tadeu da Silva, que vê o currículo como texto e discurso, que resolvemos refletir sobre essas características do discurso multicultural, sabendo ser imprescindível na formulação de um currículo em língua portuguesa, quando proporemos o debate das práticas pedagógicas de aprendizagem da língua materna em cima do tripé proposto por Geraldi (2006): LEITURA/INTERPRETAÇÃO, PRODUÇÃO DE TEXTOS e ANÁLISE LINGUÍSTICA. Antes, porém, de teorizarmos sobre essa proposta, para uma melhor visualização do quadro, apresentamos um esquema sobre os discursos das teorias do currículo e seus processos interpretativos.

O DISCURSO SOBRE AS TEORIAS DO CURRÍCULO E OS PROCESSOS INTERPRETATIVOS
(construção das identidades)

TEORIAS TRADICIONAIS
- Modelo medieval (europeu): *Trivium* (gramática, retórica, dialética)
  Quadrivium (geometria, astronomia, aritmética, música)
- Estados Unidos: Bobbit (1918 – The curriculum) = organização mecânica de objetivos e conteúdos
  Ralph Tyler – Currículo = organização, desenvolvimento
- Positivismo (fragmentação do saber)

TEORIAS CRÍTICAS

Neomarxismo
- Louis Althusser: Capitalismo = reprodução social através dos aparelhos ideológicos do Estado (religião, família, escola e mídia). A escola transmite sua ideologia a partir do currículo. Escola vai ligar-se à economia e produção = teoria marxista
- Pierre Bourdieu e Jean-Calude Passeron: criticam a reprodução cultural
  Capital cultural: objetivado, institucionalizado, introjetado
- Michel Apple e Henry Giroux: currículo e relações de poder *controle* x *resistência* (dar VOZ aos estudantes)
- Paulo Freire: critica a "Educação Bancária", propondo uma pedagogia do oprimido (revolução – educação problematizadora *para humanizar*)

Escola de Frankfurt
- Fenomenologia (Husserl) = experiências e significação subjetivas (interpretações contextualizadas)
- Hermenêutica = os textos possuem possibilidades múltiplas de interpretação
- Autobiografia = experiências vividas (contextos sociais)
- Antropologia cultural = cultura a partir de um lugar social

No Brasil | Paulo Freire entende a cultura em oposição à natureza, como criação e produção humana. Não se deve fazer distinção entre cultura erudita e cultura popular. CULTURA = o resultado de qualquer trabalho humano, não há nenhuma cultura superior a outra. Relaciona conhecimento com suas formas de representação nos textos e nos discursos (dialogicidade).

SAVIANI x FREIRE
(pedagogia dos conteúdos)   (pedagogia libertadora)

TEORIAS PÓS-CRÍTICAS
- Construção das **identidades** a partir das diferenças
- Discurso multiculturalista:
  – questões de gênero
  – movimento feminista
  – etnia x raça
  – sexualidade
- Discurso pós-modernista:
  – crítica à razão instrumental
  – objetivismo x **subjetivismo** (das interpretações localizadas)
  – crítica à pedagogia crítica
- Discurso pós-estruturalista:
  – teoriza sobre a linguagem e os processos de significação
  – Foucault (discursos)
  – Derrida (textos)
  – opõe-se à rigidez do estruturalismo de Saussure e Jakobson
  – os significados são culturais e socialmente produzidos
- Discurso pós-colonialista:
  – colonizadores x colonizados
  – Frantz Fanon (questão do racismo)
  – Edward Said: Orientalismo (oriente uma construção do ocidente)
  – dominação x resistência
  – questiona datas comemorativas (como experiências superficiais)
  – une cultura, política, ética, arte, interpretação...

Discurso do currículo = **SABER** (conhecer) – **PODER** – formação de **SUBJETIVIDADES**

No estudo do texto como unidade de significação para a *leitura/interpretação*, produção e análise linguística, na construção de um currículo multicultural para o ensino de língua materna, não se poderão deixar de lado as concepções de língua e linguagem, que os usuários dos diversos gêneros textuais poderão ter ao se depararem com determinados textos a serem entendidos ou construídos.

Sabemos que o objetivo da escola é ensinar o português padrão e isso deverá permanecer, mas com abertura para que se estude toda forma de usos linguísticos que circulam na sociedade. Dialetos populares e dialetos "padrões" manifestam-se juntos e o grau de complexidade e distinção entre eles, mais do que nas normas de gramática, encontra-se na relação social, ou seja, no valor que as pessoas lhes atribuem. A língua, portanto, varia por região, entre grupos sociais e até nas mudanças de contexto de uso; o importante é o seu atributo de comunicar. Nesse sentido faz eco em nossos ouvidos o pensamento de Lira (2006, p. 73):

> Poder-se-á observar que, como ocorre nos dialetos sociais, o limite entre os registros formal e coloquial também são tênues, sendo muitas vezes, impossível determinar as linhas divisórias entre um e outro. A variedade linguística deve ser vista como uma riqueza da língua e não como forma de exclusão social. Por isso apesar da escola ensinar uma das formas da variedade – o dialeto padrão –, a intervenção pedagógica deverá respeitar os diversos contextos sociais dos alunos e, consequentemente, olhar com carinho para as variações linguísticas. Esse cuidado deverão ter aqueles que alfabetizam adultos que migraram do meio rural para as periferias das grandes cidades...

Aquele ou aquela que ensina língua materna tem que ter muita clareza da sua concepção linguística. Há os que veem a língua apenas como representação do pensamento através de estruturas combinadas; estes não respeitarão a variação linguística, e outros que têm uma concepção mais interativa, ou seja, que a pensam em contextos determinados de uso, em que o domínio de uma língua é o resultado de práticas efetivas, significativas e contextualizadas.

Essas concepções irão determinar as práticas de sala de aula no processo de ensino/aprendizagem da língua portuguesa. Para os primeiros, ensinar a língua seria aprender somente regras prescritivas da gramática através de treinos e exercícios repetitivos. Para os interacionistas, ensinar a ler e escrever é mais um ato político-social permeado de práticas significativas, respeitando toda forma de manifestação linguística, sem exclusões, ou seja, aquelas raciais, étnicas, de gênero (masculino e feminino) etc. É preciso ensinar como o cidadão, já falante de sua língua materna, poderá se comportar linguisticamente na sociedade. Aprendendo toda forma de gênero textual, orais ou escritos, e adaptando os usos de linguagem aos momentos e às horas certas.

Com relação às teorias do currículo, o professor que pensa a língua como representação vai, inevitavelmente, apoiar-se na prática tradicional, em que o currículo já está pronto, fundamentado na gramática normativa (norma culta), pois é essa a forma de língua correta instituída pela sociedade dominante. Aqueles que a concebem como atividade vão apoiar-se em um currículo a partir das teorias críticas e pós-críticas, ou seja, respeitarão todas as formas linguísticas, verão no "erro" somente uma forma de dizer que diverge da "modalidade culta", cederão às resistências dos grupos sociais dominados, considerando todas as manifestações culturais, tão importantes para o todo social, escolherão textos para serem lidos e interpretados sem preconceitos, mas sabendo que todos eles são criações humanas e que só enriquecem as relações, diminuindo os estereótipos sociais. Não poderíamos nos esquivar, neste momento da reflexão, de citar um elucidativo texto de Geraldi (2006, p. 42):

> A língua só tem existência no jogo que se joga na sociedade, na interlocução. E é no interior de seu funcionamento que se pode procurar estabelecer as regras de tal jogo. Tomo um exemplo. Dado que alguém (Pedro) dirija a outro (José) uma pergunta como: "Você foi ao cinema ontem?", tal fala de Pedro modifica suas relações com José, estabelecendo um jogo de compromissos. Para José, só há duas possibilidades: responder (sim ou não) ou pôr em questão o direito de Pedro em lhe dirigir tal pergunta (fazendo de conta que não ouviu ou respondendo "o que você tem a ver com isso?"). No primeiro caso diríamos que José aceitou o jogo proposto por Pedro. No segundo caso, José não aceitou o jogo e pôs em questão o próprio direito de jogar assumido por Pedro. Estudar a língua é, então, tentar detectar os compromissos que se criam por meio da fala e as condições que devem ser preenchidas por um falante para falar de certa forma em determinada situação concreta de interação. Dentro de tal concepção, já é insuficiente fazer uma tipologia entre frases afirmativas, interrogativas, imperativas e optativas a que estamos habituados seguindo manuais didáticos ou gramáticas escolares. No ensino da língua, nessa perspectiva, é muito mais importante estudar as relações que se constituem entre os sujeitos no momento em que falam do que simplesmente estabelecer classificações e denominar os tipos de sentenças.

Com este texto de Wanderley Geraldi, fica muito clara a perspectiva que assumimos e propomos para o ensino de leitura e escrita. Tudo contextualizado, tudo com significado, tudo tendo os sujeitos de enunciação, no momento da interlocução, como centro do processo. Ao se ler ou escrever algum texto, deseja-se estabelecer um diálogo com interlocutores que vão entrar ou não no jogo proposto pelos autores e, dessa relação, brotarão outros textos significativos que serão aceitos ou contraditos por outros interlocutores, e assim até o infinito...

A partir dessas considerações a escola deverá repensar *o que vai ensinar, como vai ensinar e para que determinado ensino irá qualificar a condição de seu aprendiz*. Não poderíamos responder a esses questionamentos se não tivéssemos muito clara a concepção de currículo que devemos assumir. Nessa perspectiva ele será sempre móvel, adaptando-se aos vários perfis, e estará muito mais preocupado com a aprendizagem, com as questões de interpretação do que com a metalinguagem, que será apenas uma das ferramentas da língua preocupada com sua descrição.

Sob a inspiração de Geraldi (2006) procuraremos agora demonstrar, na prática, a articulação entre a atividade de sala de aula e a concepção interacionista de linguagem. Em primeiro lugar, a prática de ensino da LEITURA de textos. Para o autor existem dois níveis de profundidade para a leitura: a de textos curtos, como contos, crônicas, reportagens, lendas, notícias de jornais, editoriais... e a de narrativas longas, como por exemplo romances e novelas. Para prática de leituras mais longas, ele sugere um período de aula por semana, ou seja, a leitura será feita na própria sala de aula. Será importante, aqui, a escolha benfeita dos livros que serão lidos. Deve-se observar o enredo, o tipo de linguagem, para que seja adaptado ao entendimento dos leitores a partir do grau de maturidade linguística. Será importante que se crie bibliotecas na própria sala de aula e que uns narrem, oralmente, suas leituras para os outros, a fim de que seja adquirido o gosto de ler pelo prazer e não em razão das cobranças escolares.

Para os textos curtos, o autor propõe uma atividade de leitura oral em sala, fazendo interagir alunos e professores. Essa leitura deverá levar a interpretações cujas linhas delineativas servirão de pretexto para a prática de produção de outros textos, sejam eles orais ou escritos. Nessas PRODUÇÕES TEXTUAIS deve-se ter cuidado com os temas "infalíveis", mas que não dizem muita coisa para os alunos: minhas férias, minha pátria, Dia das Mães... Tudo conforme o mês temático em curso. É importante que se escreva aquilo que se quer, para leitores autênticos que irão ler os textos por prazer e não, apenas, com a finalidade de corrigir de vermelho, como é o caso de alguns professores que optam pelo currículo tradicional. Deve-se propor, portanto, como atividade de leitura/produção textual: pequenas publicações de histórias produzidas em sala, antologia de textos, organização de jornal-mural da turma, publicação de jornal, e que estes textos sejam lidos por leitores até mesmo fora dos muros escolares.

Partindo dessa proposta, vale a pena lembrar duas experiências bem marcantes, partindo de projetos pedagógicos que realizamos na Unidade Executiva do Sesc Santo Amaro-PE, com as turmas de EJA, das quais somos supervisor pedagógico. No primeiro, intitulado Projeto Nossas Águas, os alunos produziram, sob a orientação da professora de Língua Portuguesa, vários poemas em torno do tema da água e dos rios Capibaribe e Beberibe, que cortam a cidade do Recife, evocando a importância da água como elemento vital e mostrando que se deve evitar a poluição da mesma a fim de que a melhor qualidade de vida seja garantida. Chegamos até mesmo à publicação desses poemas produzidos pelos alunos em uma coletânea que intitulamos *Capibaribe em versos*[1], da qual tive a alegria de fazer a apresentação. Esse livrinho teve noite de lançamento com os alunos-autores dos poemas dando autógrafos e vendo seus textos serem interpretados por um grupo de teatro. Como exemplo, citaremos um dos mais belos poemas dessa coleção, de um aluno que mesmo já tendo concluído seu Ensino Médio permanece como exemplo em nossa memória de educador. Vale lembrar que quando ele produziu estas linhas ainda estava entre a 5ª e 6ª série (3ª fase da EJA). Eis o poema:

RIOS E RUAS DA MINHA CIDADE

Braços que entrelaçam
As ilhas da minha cidade
Mostrando a realidade
E as belezas que nela há.

Rio Capibaribe, pelo Recife a circundar
Outrora tão puro e lindo
Com águas tão cristalinas
Gostoso de se banhar.

---

[1] LIRA, Bruno C. (org.). *Capibaribe em versos*. Recife: [s.ed.], 2006.

Mas hoje, infelizmente
Com águas tão impuras
Sua cor agora é escura
Que mal dá para pescar.

Bem ao lado do meu rio
Existem duas ruas
Que choram seu penar
E ao sol ficam a clamar.

A rua da *Aurora* que mostra
A luz do astro iluminado
Com seus raios incandescentes
E a hora mais linda do dia
Momentos do sol nascente.

E a rua do *Sol* recebe
A luz do sol poente
E chora com o astro rei
As dores do rio doente.

Esse é o meu rio Capibaribe
Que não canso de olhar
Quem dera o homem o curasse
Para que um dia eu voltasse
Em suas águas me banhar.

Como se vê, a partir do exemplo acima, podem ser trabalhados os elementos da poética (rimas, metáforas, plurissignificância, assonâncias, aliterações...), além de motivar a leitura que acontece no contexto escolar e fora dele.

O segundo foi produzido na Feira de Ciências ao final do primeiro semestre de 2008. Resolvemos trabalhar as narrativas e por isso eu e a professora de Língua Portuguesa pedimos aos alunos que produzissem contos. Esse trabalho também foi publicado, e o chamamos simplesmente *Contos*[2]. O compêndio circulou por todo o Sesc Santo Amaro-PE. Apresentamos também, como exemplo, este, produzido por um aluno da 4ª fase (7ª e 8ª séries):

GORDO NO SPA

Num dia ensolarado, chega um aluno novo na academia (mais um gordinho que está se preocupando com sua saúde). Assim que ele chega, vê os equipamentos que irá usar durante os exercícios, e logo vai em direção à sua nova rotina. Quando o gordinho senta no equipamento, escuta umas risadinhas do seu lado direito e olha para ver de quem se tratava. Ele se depara com quatro rapazes altamente malhados, parecia até que eles tinham nascido e crescido na academia. Então, o gordinho diz:
– Não se preocupem, não vou quebrar nada!
E ele escuta os rapazes rindo dele mais uma vez, junto com um comentário:
– Assim esperamos, pois saiba que vai ser vergonhoso para você se quebrar algo.
Os rapazes se vão caçoando do gordinho, enquanto ele continuou malhando. Nisso, ele vê os rapazes sendo o centro das atenções, pois muitas mulheres saradas como eles estavam rodeando-os com aquelas conversas que aparentemente não tinham nenhum proveito. Aí, o gordinho termina e sai do equipamento em que fazia a sua série de exercícios e logo escuta:
– Olha só, ele não quebrou mesmo não! Ainda bem, pelo menos soube evitar uma vergonha maior.
Gargalhadas eram dadas por todos que se encontravam no local e ele não se importava com o que era dito, pois sabia que nada iria acontecer com ele. Então, escuta:

---
[2] LIRA, Bruno C. (org.). *Contos*. Recife: [s.ed.], 2008.

– Fala aí, gordinho! Estás a fim de ter um corpaço como o nosso, é?
E não demora nem um segundo, ele responde:
– Não! Obrigado...

Observamos que nesse fragmento do conto, pode-se trabalhar todos os elementos da narrativa (enredo, personagens, espaço, tempo, foco narrativo) e ainda o discurso direto e indireto. Isso, através de produções textuais realizadas pelos próprios aprendentes, refletindo sobre um tema significativo para as suas realidades. O autor faz uma leitura de mundo no qual se vale pela aparência – "corpo sarado" –, uma ideologia desse início de terceiro milênio (da sociedade do espetáculo e da cultura narcísica). Vemos também nesse conto a forte presença da mímese e, por conhecer bem o autor, até mesmo a verossimilhança. Além de terem tido leitores autênticos, a coletânea *Contos* também teve noite de autógrafos. Trabalhando poemas e narrativas o terreno fica preparado para as práticas dissertativas.

Quanto à ANÁLISE LINGUÍSTICA, Geraldi (2006) sugere que seja feita tendo como base os textos dos próprios alunos a partir dos erros, pois esses seriam os momentos de aprendizagem, já que os mesmos textos possuem significados para seus produtores – "partindo do erro para a autocorreção". Da construção dos vários tipos textuais e no momento da necessidade de uma correção para a norma culta pode-se trabalhar sequenciação, coesão, coerência, concordância e regência, conteúdos da morfologia, da sintaxe e da fonética/fonologia, sempre pragmaticamente contextualizados.

Ainda quanto ao aspecto da leitura, evocaremos elementos da pesquisa de Lílian Lopes Martin da Silva, feita como dissertação de mestrado na Faculdade de Educação da Unicamp, sob o título *A escolarização do leitor: a didática da destruição da leitura* (apud Geraldi, 2006). A autora parte da crítica à escola tradicional em que

> esse é o compasso que rege o ritual de encomenda, compra, leitura e trabalho com os livros na escola. Há um tempo para seleção e indicação das obras, um prazo para a compra, um prazo para a leitura e uma data para a entrega da produção disso tudo – esta última, aliás, determina toda a cadeia anterior.

Ela questiona o motivo da escolha ser somente dos mesmos clássicos, talvez pela falta de tempo dos professores de lerem outros textos que circulam na sociedade em seus diversos portadores, mas nem por isso deixa de propor que os livros sejam escolhidos a partir dos interesses, do desenvolvimento intelectual ou experiências de vida e leitura dos leitores concretos, aos quais damos livros de presente ou indicamos leituras.

Continuando nossa reflexão sobre o ato de ler, pois mais adiante veremos como esse processo é constantemente recontextualizado, diremos, como Marisa Lajolo (1993), que o ato da leitura não é somente decifrar o sentido do texto, como se fosse um jogo, mas, partindo do texto, o leitor maduro deve relacioná-lo a outros textos significativos, criando, desse modo, a coerência textual, ou seja, seus sentidos e as suas várias interpretações, mesmo que essas brotem de constantes inferências e subentendidos. Podendo até mesmo propor uma outra leitura não prevista pelo autor. O leitor, por sua vez, é totalmente ativo, é um agente que busca significações. O sentido dos textos é produzido em situações dialógicas ilimitadas que constituem suas outras leituras possíveis. Portanto, o autor de onde emana o texto imaginou uma determinada significação para ele, mas é o processo de leitura de seus leitores que vai reconstruindo o texto original, atribuindo-lhe novos sentidos, sempre partindo de suas experiências individuais, idiossincráticas. E é neste sentido que se pode falar de leituras possíveis e de leitores maduros, pois aqueles que interpretam textos não estão "obrigados" a entendê-los e a vivenciá-los somente a partir das ideias cridas pela comunidade científico-acadêmica.

Para Geraldi (2006, p. 97):

> na leitura o diálogo do aluno é com o texto. O professor, como testemunha desse diálogo, é também leitor, *e sua leitura é uma das leituras possíveis* (grifo nosso).

Conforme Geraldi, existem quatro manifestações para leitura: como busca de conhecimento; como estudo de texto; como pretexto, ou seja, mote para outras produções textuais; ou como fruição do texto. O que seria cada uma dessas manifestações? A leitura como busca de informações é aquela que deseja, a partir do dado, ou seja, do elemento que já se sabe, receber algo novo para o processo de construção do conhecimento e sua eventual mobilização social. Já a leitura como estudo do texto é bem mais formal, pois tenta delimitar a história, as fontes, os motivos das determinadas criações textuais; por exemplo ao se analisar um texto fazem-se, pelo menos, necessárias as seguintes indagações: qual a tese defendida pelo autor? Que argumentos apresenta em favor dessa tese? Quais os contra-argumentos? Existe uma coerência entre os argumentos e a tese? Existem tipos de textos que podem ser analisados simplesmente pela sua superfície. Outras respostas podem possuir níveis bem mais profundos e que precisam de conhecimentos anteriores para que se chegue às interpretações coerentes.

Pode-se ler, também, um texto como pretexto para outras produções. Por exemplo, ler um artigo de jornal relativo a greves de correios, que poderia levar a uma produção analítica dos elementos socioculturais e políticos que estariam acarretando tais greves, ou mostrar simplesmente a insatisfação dos usuários: brasileiros honestos, que pagam seus impostos e são privados, por longo tempo, dos serviços públicos. Como se vê, são várias maneiras de escrever a partir de um único pretexto de leitura. Transformar poemas em narrações, transformar narrações em poemas… são outros modos de leitura como pretexto. A leitura como fruição é aquela que se apresenta de maneira gratuita, desinteressada, apenas pelo prazer de ler, de estabelecer diálogos, de concordar e discordar, de chegar a novas conclusões e produções sempre para o crescimento científico de outros leitores, que, por sua vez, terão também interpretações várias, e assim por diante. O que se deve, portanto, é recuperar o PRAZER da leitura.

A escola deveria ser a grande incentivadora de leituras em suas práticas docentes. Os verdadeiros saltos de qualidade em favor do gosto pela leitura só serão dados pelos alunos que são motivados a tal ato. Por isso deveria ser criado o circuito do livro na própria sala de aula, a fim de que os alunos pudessem trocar uns com os outros, e até refletir oralmente, as suas experiências de leitores, deixando assim a infância leitora e passando à maturidade da *lectio*.

A quantidade de leitura poderá gerar qualidade e a avaliação nunca deverá ser um controle, pois isso tiraria o prazer de ler. Os leitores deverão ler aquilo que desejam, no tempo que quiser e estabelecer parâmetros de relação com outros textos, a fim de que o novo na informação seja sempre acumulado, não esquecendo que se o texto for inédito, o leitor terá dificuldade de chegar à sua coerência interna por falta de elementos já dados. Nesse caso devem ser usados dicionários especializados, outras leituras e até mesmo o conhecimento mais maduro de professores.

Geraldi (2006) não crê que haja leitura qualitativa no leitor de um livro só. Escolhemos um caminho que, respeitando os passos do aluno, permita que a quantidade gere qualidade, não pela mera quantidade de livros lidos, mas pela experiência de liberdade de ler utilizando-se de sua vivência para a compreensão do que lê.

É lendo muito, todos os gêneros e tipos textuais, que nos tornamos escritores. Podemos nos perguntar: para que tem servido o ensino da língua portuguesa, do maternal até o vestibular, se os usuários da língua têm medo de falar e, sobretudo, de escrever? A meu ver, porque sempre foram previstos temas estereotipados para suas escritas, com delimitação de linhas e para um único leitor, e não por prazer, mas para corrigir falhas de gramática, cujas normas foram decididas pela corrente tradicional e dominadora do currículo. Daí a importância de, antes de abordarmos esse tema do ato de ler, termos nos detido longamente nas teorias curriculares, pois foram a partir delas que produzimos usuários temerosos da língua, como também destemidos, aqueles que tiveram um currículo muito mais crítico e até mesmo pós-crítico, dando vez e respeitando toda forma de manifestação cultural como enriquecimento e grandeza da própria humanidade.

Que magníficas não seriam as escolas escolhendo textos multiculturais para seus alunos lerem, analisarem e até mesmo proporem novas formas! Sabemos que os discursos multiculturais, pós-modernistas, pós-estruturalistas, pós-colonialistas, todos esses *pós-mesmos*, só enriqueceram a criação literária da humanidade. Claro que, sempre respeitando as individualidades, os pontos de vista e as doutrinas assumidas, livremente, por todos os seres humanos que são livres para se manifestarem religiosa e filosoficamente. O que não se pode deixar de sugerir é o grande exemplo de HUMANISMO proposto por Jesus de Nazaré, o nosso Único Salvador, ao respeitar e incluir todas as manifestações culturais, desde que não ferissem o Projeto de amor do Pai para com cada um de nós.

Quando alguém deseja dizer ou escrever algo é porque tem uma razão para isso, mesmo quando se diz por dizer ou se escreve por escrever. Há sempre um interlocutor para dar sentido e refazer esses textos à luz de novas experiências.

Nessa perspectiva cai por terra o "medo" das famosas redações de vestibulares e concursos. Tudo é uma questão de ótica. Se soubermos o que queremos transmitir e se fizermos isso com coerência, ou seja, como algo que seja pleno de sentido, não temos o que temer, pois estamos realizando o que há de mais próprio dos seres humanos, as nossas habilidades linguísticas – elas nos constituem como pessoas, fazem com que sejamos gente, sem medos, sem críticas, somente exercendo o fascínio de dizer o que queremos, de maneira tão variada, tão prazerosa e tão rica que poderá servir de fruição para outras produções orais ou escritas.

A análise (metalinguagem) ou a adequação linguística seriam simplesmente uma maneira de refletir sobre a língua. Ainda para encerrar esse capítulo não poderíamos nos furtar de citar o nosso quebrador de paradigmas Wanderley Geraldi (2006, p. 131):

> É devolvendo o direito à palavra – e na nossa sociedade isto inclui o direito à palavra escrita – que talvez possamos um dia ler a história contida, e não contada, da grande maioria que hoje ocupa os bancos das escolas públicas.

É preciso devolver a todos o direito de dizer a sua palavra, que também se constitui de importância, da mesma forma como aquela de produtores e leitores mais maduros.

Sabemos que a proposta de Geraldi (2006) é anterior às reflexões críticas e pós-críticas do currículo, mas vemos a importância de uni-las para a eficácia do ensino e aprendizagem da língua materna. Passaremos a estudar a construção das identidades desses homens e dessas mulheres brasileiras ou não, moldadas pela escolha curricular, já que não poderemos desvincular currículo de SABER – PODER – PRODUÇÃO DE IDENTIDADES. Para esse trabalho, tomaremos como ponto de partida as brilhantes reflexões de Durval Muniz de Albuquerque Junior e de Tomaz Tadeu da Silva, dando uma atenção especial às formações estereotipadas de identidades provindas do mundo literário, sempre tendo em vista o fator textual da intertextualidade, sobretudo em alguns exemplos suscitados no interior do nordeste do Brasil. Acreditamos que essas nossas reflexões em torno da criação das identidades vão influenciar, diretamente, no processo de recontextualização nas análises interpretativas de textos, cujas atividades apresentaremos ao final deste compêndio.

5. A construção das identidades a partir dos textos literários

Iniciando a parte dessas nossas indagações pelas reflexões do historiador nordestino, o professor Durval Muniz de Albuquerque Junior, já podemos dizer que, em seu texto, argumenta o surgimento do Nordeste enquanto ideia discursiva e imagética regional ocorrida na primeira metade do século XX com o desenvolvimento da modernidade e com os discursos que interessavam a esta construção. O autor, influenciado pelas ideias de Michel Foucault, tenta demonstrar que a produção cultural e a própria construção de um conceito para a região não se explicam somente através da perspectiva político-econômica, mas é um resultado do percurso histórico, de um espaço social e, de certo modo, afetivo, através de diferentes discursos que dão origem a novos atributos orais e culturais. Seu pensamento é caracterizado por dois grandes blocos discursivos: um primeiro composto por obras de artistas que tomaram a região como um espaço da saudade, e um segundo formado por artistas que cresceram em meio ao processo do estabelecimento da sociedade burguesa-industrial, vivenciando a formação da classe média do país.

Durval apresenta ainda a literatura regionalista sempre tendo como pano de fundo a dicotomia norte *x* sul. Ele próprio afirma que a diferenciação progressiva entre o norte e o sul do país já era tema de diferentes discursos, desde o final do século XIX. Em coerência com os paradigmas naturalistas, coloca como responsável por tal distanciamento as questões de raça e do meio. O movimento do cangaço também reforça a imagem do nortista como homem violento, e de que por aqui seria uma terra sem lei, submetida ao terror dos bandidos. Na emergência de um novo olhar com relação ao espaço e à sensibilidade social, Albuquerque Junior (2006) vai demonstrando o que é capaz de inventar um novo nordeste a partir de uma reelaboração das imagens e dos enunciados (discursos) que constituíram o antigo norte.

Ao tratar dos espaços da saudade, apresenta as várias identidades nordestinas que são desconstruídas e reconstruídas, com um outro olhar, a partir da nova invenção da região. Apresenta, portanto, o cangaceiro e o jagunço que desrespeitavam as fronteiras, a força do folclore regionalista, as identidades a partir dos personagens das obras literárias... e neste momento gostaríamos de ressaltar a poesia e a música do rei do baião, Luiz Gonzaga, que cantou o sertão nordestino, do retirante para o sul, caminhando estradas a fio, para lá também ser escravizado. Muniz (2006, pp. 159-160), informa-nos:

> O sucesso de suas músicas entre os migrantes participa da própria solidificação de uma identidade regional entre indivíduos que são igualmente marcados, nas grandes cidades, por estereótipos como o do "baiano" em São Paulo e o "paraíba" no Rio. Eles

começam, só na grande cidade do sul, a se perceberem como iguais, como "falando com o mesmo sotaque", tendo os mesmos gostos, costumes e valores, o que não ocorriam quando estavam na própria região. Mais do que agir no consciente de seus ouvintes, as canções gonzaguianas mexiam com o inconsciente desses nordestinos em transmutação nas grandes cidades. A sensação sonora presente traz pedaços do passado, cruza tempos e espaços, fazendo o nordeste surgir no sul ou o sul no nordeste, ou, ainda, o nordeste aparecer na Paraíba, em Pernambuco... O espaço desenhado por suas canções é quase sempre o do Nordeste e, no Nordeste, do sertão.

A melodia de Gonzaga tem essa característica de cantar a saudade na linha divisória entre norte e sul: saudade dos amores, da terra, do lugar, do roçado, da família, do pé de "fulor", da boneca de pano, dos animais de estimação...

Nestas nossas reflexões de criação das identidades que irão favorecer as nossas interpretações e recontextualizações não poderíamos deixar de mencionar o famoso *Auto da Compadecida,* do paraibano Ariano Suassuna, que mostra a caatinga, os falares e as variações linguísticas do nordestino, a seca e finalmente a representação da fé e piedade popular presente na região. Suassuna se apresenta como um exemplo de regionalismo tradicionalista nordestino.

Muniz (2006) apresenta também um nordeste não mais saudosista, que não sentia mais falta da casa-grande e estava desconfortável com a situação presente, virando as costas para o passado, vislumbrava um novo futuro. Um território revoltado contra misérias e injustiças. Por isso as obras *Vidas secas*, de Graciliano Ramos; o mesmo tema da seca na pintura *Os retirantes*, de Portinari; *O Quinze*, da cearense Rachel de Queiroz; a obra de João Cabral de Melo Neto; o cinema novo, em especial, o de Glauber Rocha. Todas essas formas de identidades do povo nordestino seriam representações desse Nordeste às *avessas*, região que passa a não mais ser retratada desejando uma "doçura idílica" de tempos anteriores, mas como um território de revolta para explodir em condições de transformações dessas realidades através de textos benfeitos, coesos e com coerência, que levem os leitores às várias interpretações, as quais serão sempre recontextualizadas. Ao se estabelecer os vários tipos de interlocução nas obras literárias apresentadas e em outras, vai se criando uma identidade adulta, capaz de valorizar as culturas, e não somente reproduzi-las para manter a dicotomia dominada e dominante. Ao estabelecermos esse diálogo literário, tentamos mostrar como as identidades vão sendo construídas e reconstruídas a partir das variedades de interpretações, sempre contextualizadas.

Nas obras citadas encontramos fortemente um dos fatores da textualidade que chamamos, na Linguística de Texto, de INTERTEXTUALIDADE, ou seja, a mesma temática, na formação de identidades perpassando pelos vários tipos e gêneros textuais. No caso de *Vidas secas*, *O Quinze*, a pintura *Os retirantes*, todos retratam em formas literárias e linguísticas variadas a mesma realidade: o povo nordestino que sempre se dirige para o sul em busca de condições de vida mais humanas, mas acabam sendo escravizados, também, pela cidade grande, que escraviza de outra maneira e, às vezes, bem mais cruel.

O processo de ensino/aprendizagem da leitura deverá assim basear-se em propostas interativas a fim de promover o desenvolvimento do indivíduo numa dimensão integral. Portanto, nessa perspectiva, o trabalho daquele que ensina a ler e a interpretar deverá desenvolver no aprendiz a capacidade de identificar o *intertexto*. A *intertextualidade* é um fenômeno constitutivo das produções de sentido e poderá acontecer entre textos de diferentes linguagens. Todo texto é um resultado de outros textos, isso significa dizer que não são puros, pois a palavra é dialógica. Quando se diz algo num texto, se faz em resposta a um outro que já foi dito, em estilos e gêneros diferentes, em outros textos. Pode-se concluir que um texto é sempre oriundo de outros textos orais, iconográficos ou escritos.

É nesse sentido que não se pode prescindir, ao se refletir sobre a leitura e seus sentidos, desse aspecto da textualidade que chamamos de "intertextualidade", e que aprofundaremos posteriormente ao tratarmos dos sete fatores da existência textual.

Para ilustrar esta nossa tese, tomemos em primeiro lugar a pintura de Portinari: *Os retirantes*. Um texto, totalmente iconográfico, mas cheio de intertextos e perpassado pela linguagem verbal, que desta vez fica em nossos blocos cognitivos – *frames* –, como um diálogo interior.

Vejamos a sugestiva pintura expressionista de Portinari:

Cândido Portinari. Projeto Cultural Artistas do Mercosul.
Texto de Antonio Callado. Produzido e Editado pela Finambrás em
homenagem aos 50 anos do Museu de Arte de São Paulo Assis Chateaubriand
(MASP). São Paulo: Edições Finambrás, [s.d.], p. 151.

Vemos nessa imagem de maneira bem retratada a situação dos retirantes, daqueles cuja identidade é formada pelo sofrimento: poucas coisas, trouxas na cabeça, corpos esqueléticos, quase mortos, mas com a esperança de um lugar ao sol. Uma interpretação desse gênero exige inferências contextuais marcantes, pois dificilmente um sulista de classe social rica iria sentir e ter a mesma interpretação de um nordestino. Daí a importância das constantes recontextualizações nos processos interpretativos.

Neste cenário intertextual, vem agora em nossa mente a lembrança de *Vidas secas*, sobretudo da cachorra Baleia, a mais humana das personagens. Vejamos um dos trechos mais emocionantes (Ramos, 74, pp. 85-86):

> A cachorra Baleia estava para morrer. Tinha emagrecido, o pelo caíra-lhe em vários pontos, as costelas avultavam num fundo róseo, onde manchas escuras supuravam e sangravam, cobertas de moscas. As chagas da boca e a inchação dos beiços dificultavam-lhe a comida e a bebida.
> Por isso Fabiano imaginara que ela estivesse com um princípio de hidrofobia e amarrara-lhe no pescoço um rosário de sabugos de milho queimados. Mas Baleia, sempre de mal a pior, roçava-se nas estacas do curral ou metia-se no mato, impaciente, enxotava os mosquitos sacudindo as orelhas murchas, agitando a cauda pelada e curta, grossa na base, cheia de moscas, semelhante a uma cauda de cascavel.
> Então Fabiano resolveu matá-la. [...]
> Sinhá Vitória fechou-se na camarinha, rebocando os meninos assustados, que adivinhavam desgraça e não se cansavam de repetir a mesma pergunta:
> – Vão bulir com a Baleia?
> [...]

> Ela era como uma pessoa da família: brincavam juntos os três, para bem dizer não se diferenciavam, rebolavam na areia do rio e no estrume fofo que ia subindo, ameaçava cobrir o chiqueiro das cabras. Quiseram mexer na taramela e abrir a porta, mas Sinhá Vitória levou-os para a cama de varas, deitou-os e esforçou-se por tapar-lhes os ouvidos: prendeu a cabeça do mais velho entre as coxas e espalmou as mãos nas orelhas do segundo. Como os pequenos resistissem, aperreou-se e tratou de subjugá-los, resmungando com energia.
> Ela também tinha o coração pesado, mas resignava-se: naturalmente a decisão de Fabiano era necessária e justa. Pobre da Baleia.
> […]
> Na luta que travou para segurar de novo o filho rebelde, zangou-se de verdade. Safadinho. Atirou um cocorote ao crânio enrolado na coberta vermelha e na saia de ramagens.
> Pouco a pouco a cólera diminuiu, e sinhá Vitória, embalando as crianças, enjoou-se da cadela achacada, gargarejou muxoxos e nomes feios. Bicho nojento, babão. Inconveniência deixar cachorro doido solto em casa. Mas compreendia que estava sendo severa demais, achava difícil Baleia endoidecer e lamentava que o marido não houvesse esperado mais um dia para ver se realmente a execução era indispensável.
> Baleia queria dormir. Acordaria feliz, num mundo cheio de preás.
> […]

Observamos aqui a identidade do homem-macho, construída a partir de uma determinada cultura em que toma as decisões sozinho, o verdadeiro poder do chefe de família. Sinhá Vitória, sempre numa atitude passiva com relação às vontades do marido, é a protetora dos filhos. Vemos claramente uma concepção de discurso curricular na linha tradicionalista, como anteriormente já havíamos comentado.

Essa mesma ideia de retirante é transmitida por Graciliano Ramos, sempre na dicotomia: Nordeste como problema e Sul como solução. Essa dialética marca profundamente a criação de identidades, de subjetividades que subjazem todo e qualquer processo interpretativo de textos. Por isso mesmo que, em nossas leituras ou ao indicar leituras para iniciantes, esse princípio do intertexto deverá aparecer como ponta de linha nos processos de recontextualização, pois é a partir daqui que novos significados vão sendo assumidos.

A família retirante de Fabiano, Sinhá Vitória, seus filhos, que não têm nome, personifica bem os retirantes, mais uma vez em busca de vida melhor no Sul do país, obedecendo primordialmente aos impulsos interiores, colocando-se à margem ou acima das coerções sociais. Indivíduo que somente possui um "eu profundo" à custa de atrofiar o seu "eu social" ou nem mesmo tê-lo desenvolvido.

Como vemos, a partir de *Vidas secas* se percebe que a distorção climática existente no Nordeste do Brasil interfere bastante na condição de vida das pessoas, sobretudo dos menos favorecidos. Graciliano Ramos quer fazer da linguagem de seus romances e de seu discurso uma forma de fugir das armadilhas do discurso dominante, e para isso era necessário policiar a sua linguagem para que ela não reproduzisse o ponto de vista dos poderosos. Em *Vidas secas*, a transformação da vida camponesa se anuncia pelo uso da palavra, pelo entabulamento de uma conversa entre Fabiano e Sinhá Vitória, quando conseguem chegar a criar uma nova realidade para suas vidas. Segundo Albuquerque Junior (2006, p. 232), "a obra também nasce da angústia trazida pela desterritorização sofrida por todos da sociedade patriarcal nordestina". Através de palavras duras mostra o quanto o nordestino é afetado nas suas relações familiares e sociais, por isso o autor compara os mesmos a bichos, com exceção de Baleia que tinha atitudes mais humanas e gentis. E, assim como essa família de retirantes, muitos são excluídos e quando vão para a escola, imaginem só! São obrigados a interpretar esses textos à luz de outras realidades que não são as suas, empobrecendo a dinâmica e o processo de coerência da língua. Para muitos "educadores", essas crianças com tantas experiências sofridas e diferentes são consideradas como "burras" e incompetentes, por isso mesmo fogem do processo de aprendizagem da leitura.

Mas podemos citar ainda um outro exemplo de construção de identidades a partir de textos literários. Os personagens construídos pela cearense Rachel de Queiroz na sua obra *O Quinze*, que trata justamente da seca nordestina de 1915, na qual muitos nordestinos tiveram que se retirar para o Sul. Vemos aqui um outro exemplo de intertextualidade. *O Quinze* retrata a esperança, a fome, o milagre, a morte, a separação, a fé em Deus de que um dia chuvoso irá melhorar a vida de muitos retirantes sofredores. A obra, publicada em 1930, conta justamente a saga de retirantes com muita fome que chegam a se alimentar de tripas de carneiro durante a seca de 1915, também vivenciada pela escritora. Portanto é a própria realidade mimética em forma de ficção. Esse contexto de enunciação dificilmente será entendido pelos receptores-leitores, pois, como já dissemos, entre o autor perpassam os próprios textos, nas suas mais variadas formas (os enunciados) e as experiências dos leitores ou ouvintes.

A história se passa em dois planos, no primeiro encontra-se o criador de gado Vicente, a professora Conceição – nome muito comum entre as cearenses, pois a Imaculada Conceição possui inúmeros devotos em todo o estado do Ceará, inclusive é a padroeira da minha cidade natal de Sobral, onde recebi o Sacramento do Batismo – e o vaqueiro Chico Bento. Nas férias, a professora vai para um logradouro próximo à cidade de Quixadá. Com a previsão da chegada da seca, a sua avó, Mãe Nácia, resolve ir para a cidade, deixando Vicente responsável pela fazenda. Vicente trabalha incansavelmente para manter os animais vivos, e Conceição vai trabalhar em um campo de concentração, lugar em que os retirantes ficam alojados. No segundo plano está Chico Bento, marido de Dordulina, que vê seus filhos sumirem no desespero da seca e das retiradas. A família, portanto, é desagregada. Josias, o filho mais novo, come mandioca crua e morre envenenado. O filho mais velho, Pedro, desaparece, fugindo com comboieiros de cachaça. São identidades que se formam a partir de contextos, que mesmo perpassados pela mesma problemática, a seca, se dão através de realidades e contextos diferentes, tanto para os próprios personagens como para os autores, que também são frutos de tais desatinos.

As personagens femininas de Rachel de Queiroz geralmente transmitem duas polaridades: as quatro paredes de casa e o mundo da rua. Dentro de casa tudo é regularizado e moralmente correto; na rua convivem ordem e desordem, como nos contextos sociais de hoje. Tudo depende de pontos de vista, de maneira de sentir e de agir, sobretudo no ato do entendimento textual.

Nessa altura de nossas reflexões poderemos nos perguntar acerca da importância deste capítulo sobre a construção das identidades para o processo de aprendizagem da leitura e de suas várias interpretações. Na leitura, em suas entrelinhas, nossos leitores já devem ter detectado as nossas intenções. Temos a convicção que o currículo forma subjetividades (identidades) que por sua vez influenciam de modo marcante nos processos de interpretação que serão sempre RECONTEXTUALIZADOS, dando origem a novos e mais originais textos.

Mas, antes de passarmos para o próximo capítulo, que versará sobre o ensino mais formal da leitura e da escrita como um instrumento crítico de reflexão para a transformação social, não poderíamos nos furtar de citar alguns fragmentos relativos à construção das identidades a partir das elucidativas reflexões de Tomaz Tadeu da Silva (2007, pp. 127-129):

> Diferentemente das concepções psicológicas de representação, a análise pós-colonial adota uma concepção materialista de representação, na qual se focaliza o discurso, a linguagem, o

significante, e não a imagem mental, a ideia, o significado. A representação é aquilo que se expressa num texto literário, numa pintura, numa fotografia, num filme, numa peça publicitária. A teoria pós-colonial considera *a representação como um processo central na formação e produção da identidade cultural e social*. É fundamentalmente através da representação que construímos a identidade do Outro e, ao mesmo tempo, a nossa própria identidade. [...] Vista como uma forma de conhecimento do Outro, a representação está no centro da conexão saber-poder. [...] O projeto colonial teve desde o início uma importante dimensão educacional e pedagógica. Era através dessa dimensão pedagógica e cultural que o conhecimento se ligava, mais uma vez, ao complexo das relações de poder. [...] Qual o papel dessas novas formas de imperialismo cultural na formação de uma identidade cultural hegemônica e uniforme? (grifo nosso).

Em resumo, as metrópoles colonizadoras impunham, pela força, seu poder político, econômico, social e até mesmo linguístico, ocasionando uma total perda de liberdade para as leituras contextualizadas e as suas múltiplas formas interpretativas, já que por sua vez até a maneira de interpretar, mesmo os implícitos e subentendidos, que abordaremos mais adiante, era uma forma eleita pela comunidade científica do colonizador.

Como já anunciamos anteriormente, vamos nos deter agora no estudo mais formal dos processos de aprendizagem da leitura e da escrita, vendo como essas tecnologias poderão influenciar na realização pessoal de muitos cidadãos, que na maioria das vezes estão mudos por não ter nada a dizer. E desse modo adquirem, através do espírito de criticidade, a VEZ e a VOZ.

6. O ensino da leitura e da escrita como instrumento de reflexão para a transformação social[1]

Em algumas sociedades, leitura e escrita eram privilégio de sacerdotes e governantes. Nas sociedades ocidentais, entre elas a nossa, embora tenham nascido e se fortalecido na esteira da administração governamental e da catequese cristã, escrita e leitura muito cedo ganharam usos sociais no cotidiano. Assim além das repartições governamentais, altares e púlpitos das igrejas, os ambientes domésticos também eram palcos de leitura; as salas de costura, as varandas das fazendas, os grandes salões de festas, os famosos saraus, as feiras livres, eram lugares de manifestações da leitura e da escritura. Em vários lugares e através de diversos portadores textuais se ouvia produções de unidades de sentido com bastante frequência e lógica. Nesses novos tempos

---

[1] O presente capítulo, de minha autoria, foi cedido, em parte, para compor, como um capítulo, a coletânea organizada pelo Pró-Reitor da Pós-graduação da Universidade Católica de Pernambuco (UNICAP): Prof. Junot Mattos que desejou unir textos de seus ex-orientandos do Mestrado, como é o meu caso. O referido compêndio foi lançado pela Editora FASA da UNICAP com o seguinte título *Linguagem e Educação: diálogos de fronteira*.

do século XXI, vemos cada vez mais a necessidade de uma prática social da leitura e da escrita. E aqui gostaríamos que ficasse claro que essas duas realidades são inseparáveis, faces de uma mesma moeda; a escritura não pode se separar da leitura: já que se escreve para ser lido. Na cultura hodierna, exige-se que todo ser humano domine o código comunicativo, pelo menos para uma comunicação mínima no que concerne aos aspectos da escritura e da leitura. Visto que todos nós estamos constantemente interagindo com diferentes situações linguísticas.

A leitura é requerida para que se possa ter acesso às informações veiculadas das mais diversas maneiras: nos livros, na internet, na televisão, nos outdoors espalhados pela cidade, em cartazes, folders, impressos de propaganda, jornais, folhetos da igreja, rótulo de garrafas e produtos comercializados, afinal, tudo que porta um texto é para ser lido.

A leitura como um ato político

Paulo Freire, nas suas reflexões sobre a prática da leitura, deixa bem claro ser esta um fenômeno sociopolítico, já que tem por finalidade a transformação social e, a partir dela, a conscientização de uma crítica da realidade que precede a própria decodificação do sistema de notação. Para ele (2001, pp. 16-7):

> Algum tempo depois, como professor também de português, nos meus 20 anos, vivi intensamente a importância do ato de ler e de escrever, no fundo indicotomizáveis, com alunos das primeiras

séries do curso ginasial. A regência verbal, a sintaxe de concordância, o problema da crase, o sinclitismo pronominal, nada disso era reduzido por mim a tabletes de conhecimentos que devessem ser engolidos pelos estudantes. Tudo isso, pelo contrário, era proposto à curiosidade dos alunos de maneira dinâmica e viva, no corpo mesmo de textos, ora de autores que estudávamos, ora deles próprios, como objetos a serem desvelados e não como algo parado, cujo perfil eu descrevesse. Os alunos não tinham que memorizar mecanicamente a descrição do objeto, mas apreender a sua significação profunda. Só aprendendo-a seriam capazes de saber, por isso, de memorizá-la, de fixá-la. A memorização mecânica da descrição do objeto não se constitui em conhecimento do objeto. Por isso é que a leitura de um texto, tomada como pura descrição de um objeto, é feita no sentido de memorizá-la, *nem é real leitura; nem dela, portanto resulta o conhecimento do objeto que o texto fala* (grifo nosso).

Como vemos, esse trecho do nosso Paulo Freire elucida muito bem a maneira correta de como deverá acontecer o ensino e a prática de leituras no cotidiano de nossos alunos e da sociedade em geral. Em primeiro lugar, partindo do texto como uma unidade significativa, entregando aos alunos produções textuais que tenham significado para eles, ou seja, que possam levá-los a uma reflexão madura e crítica, em que eles próprios se veem no texto e nesse casamento indissolúvel, assim se busca a transformação social. Vemos ainda aqui a própria valorização que Freire dá ao texto do aluno propondo que este também seja um instrumento de estudo. As regras gramaticais, que servem para "uniformizar a escrita", aparecem como um instrumental de uma das variedades da leitura instituída pela sociedade para a "ascensão social", se é que isso acontece ainda em nossos dias, pois vemos "tantos" no topo da pirâmide social que não têm essas regras interiorizadas na memória.

Métodos para a aprendizagem da leitura e da consequente escritura

Basicamente, a linguística apresenta-nos dois métodos. O primeiro, fruto da escola tradicional, permaneceu em nossos educandários como dono da verdade irrefutável do século XVI até quase a década de 1980, quando começam a surgir os estudos da linguística moderna e as reflexões psicogenéticas de Emília Ferreiro e Ana Teberosky (1985). Esse método, caracterizado pelas famosas cartilhas, foi chamado de modelo sintético, por partir do fonema para os textos, ou seja, apoiando-se em realidades desprovidas de significado para o aprendente, mas que mecanicamente fazia-o chegar a uma unidade mais inteligível que seria a palavra.

O outro método, apresentado por Paulo Freire e pela própria Emília Ferreiro, numa primeira fase apresenta o modelo sintético na aquisição dos vários níveis de escrita (níveis pré-silábico, silábico, silábico-alfabético e finalmente o alfabético), mas também demonstra a importância do método analítico-global, que parte do texto para o fonema, fazendo assim o sentido inverso. Aqui, o aluno aprende primeiro uma série de palavras providas de significados para ele, e somente depois parte para a associação entre os sons e suas partes, podendo ainda serem apresentados textos inteiros em que o professor lê para os alunos, que acompanham a leitura com o mesmo texto, tentando familiarizar-se com a linguagem escrita. A partir desse contato linguístico vão aprendendo palavras, seguidas das sílabas, fonemas e grafemas.

Assim vemos que a figura do professor e sua prática pedagógica são de fundamental importância para o sucesso do método. Ele deverá estar sempre lendo, ou melhor, interpretando, sempre acompanhado pela classe, que deverá ser motivada a se portar numa atitude de escuta. Esses alunos serão ainda motivados a escrever, copiando textos com base em uma situação preexistente; por exemplo, poderão ouvir poemas e recomporem os mesmos através de cópias ou colagem, em seus cadernos de poemas favoritos. O mesmo poderá acontecer com os vários gêneros textuais em uso na sociedade. As leituras em voz alta por parte dos estudantes poderão ser substituídas por encenações de situações que foram desenhadas e ilustradas a partir do texto interpretado pelo professor. Assim, o aluno entende o texto como um processo de produção de sentido; estando, portanto, fazendo usos sociais dos mesmos.

São essas práticas de ensino da leitura e da escrita que a história conheceu: dois métodos que desejam chegar ao mesmo objetivo: a fluência da leitura e da escritura. Para nossos dias, devido à globalização e ao grande fluxo de textos que circulam, sobretudo nos meios urbanos, cremos que a prática do modelo global seja mais efetiva para uma aquisição de leitura e escrita que leve o aluno a fazer interpretações e inferências mais críticas, e, consequentemente, à transformação de seu contexto social.

Esse tipo de ensino tem se mostrado bem mais eficaz e efetivo, já que leva os alunos a aprender a partir de textos reais, e com sentido.

Conforme Lira (2006, p. 130), em pesquisa realizada com alfabetizandos da periferia do Recife,

> A maior dificuldade da turma é com a aprendizagem de leitura, isso porque a escrita é apresentada na sala de aula como um treino, repetição, enquanto juntar as sílabas para pronunciar as palavras oralmente torna-se uma atividade mais complexa... Somente uma das alunas entrevistadas fez a leitura da realidade.

Como se concluiu na referida pesquisa (p. 157), somente aquela aluna que foi posta em um lugar de criticidade, e não de simples memorização de textos desconectados com sua realidade, conseguiu fazer uma leitura crítica do seu dia a dia, propondo ainda mudanças para a situação degradante em que se encontrava: desemprego, mortes, assaltos, poluição (anexo 4 da mesma obra citada). Transcrevemos agora o texto dela para uma melhor apreciação de nossos leitores:[2]

---

[2] Mantivemos quase na íntegra o texto da autora, fazendo apenas algumas pequenas modificações para que o texto ficasse mais bem explicitado.

> ## VIDA
> A vida começa desde o ventre materno na geração, através de nossos pais, é um dom de Deus para cada um de nós. A vida é a coisa mais importante e a pessoa nunca deve destruí-la, por mais problemas que se tenha, deve-se confiar muito em Deus. Viver é muito bom. Na nossa cidade a vida é muito problemática, tem assaltos, mortes, bandidos, desempregos, doenças, poluição. Mas poderíamos mudar essa situação. Tendo emprego, os problemas acabavam e as pessoas teriam uma vida melhor e, também, com que se ocupar. As pessoas podem procurar melhorar a vida participando da sua cidadania, procurando como cidadão ou cidadã os seus direitos para que se tenha um país melhor.

Observamos nesta produção textual, de uma aluna recém-alfabetizada, um alto grau de leitura de sua própria realidade. Como poderia transformá-la se não conseguisse nem lê-la? Na primeira parte a autora reflete a vida na perspectiva biológica: começa na geração, no ventre da mãe, e ainda demonstra ser uma mulher de fé, ao atribuir ser um dom de Deus, e por isso não poderá ser destruída. Em seguida faz a leitura de seu contexto habitacional: problemas com assaltos, mortes, bandidos, desempregos, doenças, poluição. E, no âmago de sua produção textual, realiza o objetivo de qualquer estudo: melhorar a qualidade de vida da humanidade, do planeta. Por isso propõe uma transformação e mostra a solução: o emprego, para que as pessoas possam se ocupar e exercer sua cidadania. Vemos assim claramente que a aluna foi alfabetizada a partir da sua realidade, através de leituras, interpretações e debates de textos críticos, para somente depois chegar às unidades segmentais da língua. Utilizando-se do método global-analítico de alfabetização, que parte do todo para o particular, ou seja, do texto para o parágrafo, para as orações, para as sentenças (frases nominais), para a palavra, para a sílaba e, finalmente, o grafema. A aluna, portanto, interpretou a sua realidade a partir de seus contextos sociais e linguísticos.

Lira (2006) propõe ainda o ensino da leitura, seguindo a tese de Freire e Ferreiro, mas mostrando a importância dos suprassegmentos linguísticos que se perdem na escrita e que só podem ser recuperados no momento em que se lê interpretando. E isso é uma das formas de detectar se um determinado leitor está lendo com proficiência, ou seja, sabendo e entendendo aquilo que está pronunciando. Portanto, o trabalho com a leitura deverá ser visto como um processo de relação conjunta entre ensino/aprendizagem e, consequentemente, entre professor/alunos/ouvintes, que serão sempre parceiros no processo de construção conjunta de significados para o ato de ler.

Esse trabalho deverá considerar as várias áreas do conhecimento, como a psicologia, a linguística, a história, a cultura e as sociedades em geral. Durante o processo de aprendizagem de leitura e escrita, o professor deverá evidenciar que os alunos, em um primeiro momento de contato com a escrita, trabalham com hipóteses e o objeto de estudo passa a ser este suceder de hipóteses que o alfabetizando realiza desde o momento em que começa com a escrita pré-silábica, através de garatujas e desenhos, até à real escrita alfabética, quando já tem plena consciência fonológica, como também já difere algumas regularidades da língua, como por exemplo: sabe que na língua portuguesa se grafa da esquerda para direita e que não existem palavras formadas apenas por consoantes. Os prováveis "erros" que com frequência aparecem nessa fase deverão ser otimizados como uma tentativa de acerto, pois em um primeiro momento o que conta é a inteligibilidade e a significância que esses novos leitores dão aos seus próprios textos ou dos outros.

Quanto ao erro, Anastasiou (2006, p. 75) tem uma visão bastante esclarecedora:

> Na visão punitiva e classificatória da avaliação o erro é visto como algo que condena, rotula, determina e exclui o estudante do processo. Estamos aqui pontuando a visão do erro como resultante de uma hipótese incompleta feita pelo estudante: visto assim, cada erro possibilita uma rica oportunidade para a análise das formas de pensar, de operar, de sintetizar, identificando os elementos faltantes no processo, visando sua superação. Existem hipóteses que podem nos orientar na análise dos erros dos estudantes e na busca de superação dos mesmos, tais como: o estudante possui a estrutura de pensamento necessária à tarefa, sabe fazer, mas ocorre distração, falta de treino ou repetições necessários; é preciso verificar se o estudante selecionou procedimentos inadequados, faltando aprimorar conhecimentos construídos ou efetivar uma melhor fixação.

Como vemos, é um trabalho que o professor deverá realizar com perspicácia e engenho, pois cada aprendiz tem o seu tempo e as suas hipóteses, que nunca deverão ser desconstruídas no ato de aprender a ler e escrever. Todas elas são válidas e deverão ser tomadas como momento pedagógico de aprendizagem.

A leitura é, fundamentalmente, um ato político. Por isso aqueles que formam leitores, professores, bibliotecários, pais, desempenham um papel político que poderá ou não estar comprometido com a transformação social, conforme o grau de consciência da força de produção e, ao mesmo tempo, do espaço da contradição presentes nas condições sociais da leitura, tendo que assumir uma constante luta dos questionamentos e das realidades em que os autores estão inseridos, sempre na perspectiva da melhoria da qualidade de vida.

Um outro aspecto de importância a ser levado em conta no ato de ensinar a ler e escrever é aquele que coloca os alunos numa abertura aos diversos portadores de textos. Sabe-se que os gêneros textuais, que são as manifestações concretas dos diversos tipos de discursos que circulam na sociedade, manifestam-se através de inúmeros portadores presentes no cotidiano social em todos os níveis de compreensão linguística. Assim, o professor de leitura e escrita deverá se preocupar em apresentar os vários domínios discursivos, como, por exemplo, domínios jornalísticos, jurídicos, esportivos, religiosos, econômicos, políticos... e, dentro desses domínios, mostrar os tipos narrativos, descritivos e dissertativos da produção textual, que por sua vez possuem gêneros e veículos próprios; não esquecendo os novos gêneros provenientes do mundo da informação, na maioria das vezes escritos, mas com formas bem definidas, como os blogs, e-mails, sites, links, IP.TVs... Toda essa gama textual deverá ser apresentada ao aluno que se inicia no processo de aquisição da leitura e da escrita para que possa interagir, socialmente, com eles na perspectiva do letramento, ou seja, mesmo sem dominar perfeitamente o código, já fazer usos sociais deles, através do entendimento de textos completos e da própria produção oral.

A importância da consciência fonológica

À medida que o aluno se desenvolve, a forma de usar a linguagem aprimora-se. Ela deixa de ser um objeto exclusivo de expressão do pensamento e de comunicação e passa a ser também um objeto de análise e reflexão, ou seja, a criança ou o adulto desenvolve a capacidade de focalizar a atenção sobre a linguagem e refletir sobre a sua natureza, sua estrutura e função. Para esta segunda capacidade, os psicolinguistas têm adotado o termo metalinguística ou metalinguagem.

A metalinguagem regula vários aspectos da linguagem: fonológico (consciência fonológica), lexical (habilidade metalexical), sintático (habilidade metassintática), semântico (habilidade metassemântica), e textual (habilidade metatextual), sem esquecer a importância da pragmática presente nos diversos contextos culturais do sujeito que aprende a ler e a escrever.

Consciência fonológica, portanto, é uma habilidade metalinguística relacionada à capacidade de refletir e manipular mentalmente a estrutura fonológica das palavras. É necessária tanto para os estudiosos da língua, como para aqueles que estão adquirindo o modo linguístico da leitura e da escrita, observando constantemente as habilidades conscientes dos sons da fala, ou seja, as habilidades de refletir sobre os segmentos sonoros que compõem as palavras que falamos e ouvimos. É claro que para o aprendente essas diferenciações fonéticas ainda não são totalmente conscientes, mesmo já possuindo os usos linguísticos delas.

Alguns estudos mostram a correlação entre consciência fonológica e leitura, entretanto, as reflexões acerca da natureza dessa relação apresentam correntes divergentes. São elas: a primeira reflete sobre as capacidades metafonológicas associadas com a habilidade de leitura e escrita, defendendo a consciência fonológica como dependente de uma instrução formal (sala de aula, professor e aluno). Uma segunda linha defende a interferência da habilidade de análise fonológica na gênese da compreensão do princípio alfabético da escrita, atribuindo a essa capacidade uma condição necessária para a aquisição da leitura, sugerindo que esses procedimentos sistemáticos podem desenvolver a consciência fonológica antes da alfabetização e desta forma facilitar o processo de desenvolvimento da leitura e da escrita (Capovilla, 2004).

Como vemos, a formação de um leitor e, consequentemente, de um bom escritor (redator) exige um processo bastante complexo, que deve ser iniciado no seio familiar e, posteriormente, na escola, não esquecendo que mesmo aqueles (crianças e adultos) que ainda não são alfabetizados (não dominam o código linguístico) de certo modo já são leitores maduros por fazerem usos sociais da leitura e da escrita, seja entendendo textos que são lidos para eles ou mesmo ditando-os para serem grafados por outros. O importante é o entendimento, a produção lógica e clara daquilo que se deseja transmitir.

O professor leitor e formador de consciências críticas

A prática do professor, como já foi dito anteriormente, vai depender profundamente de sua concepção de língua e linguagem. Nesse trabalho assumimos um tipo de professor que se identifique com a pedagogia socioconstrutivista e que veja a língua como *uma atividade que está sempre em uso*, podendo ser modificada sobretudo semanticamente em seus diversos contextos. Esse tipo de educador com certeza levará seus alunos a lerem as diversas realidades de maneira diferenciada em busca de uma transformação social e a consequente melhoria da qualidade de vida, fim último de todas as pesquisas e estudos. A respeito do professor que busca formar consciências críticas, podemos afirmar, conforme Lira (2007, pp. 65-66), que, no seu próprio trabalho formativo:

> Tornam-se prioridade para a formação de professores a prática reflexiva e a participação crítica. Essa prática, para diferenciar do senso comum, deverá ser metódica e coletiva, sempre utilizada pelos profissionais de educação no momento em que os objetivos propostos não forem atingidos. [...] A formação para o espírito científico, para o rigor, para a atitude descentralizada de si, constitui objeto que a universidade pode pôr a serviço da formação de professores.

Somente um professor leitor-crítico poderá formar leitores autênticos, pois ele próprio abdica de ideias preconcebidas por força de alguns métodos institucionais e passa a realizar um trabalho com portadores de textos reais e significativos para determinada comunidade de aprendentes. O professor leitor deverá, portanto, trabalhar para formar outros leitores com vistas a não apenas conceder-lhes a capacidade de participar da produção cultural, da ciência, das novas tecnologias, da filosofia e das artes, mas também de inseri-los na atual sociedade de consumo, na qual o conhecimento é adquirido através das diversas leituras, sejam verbais ou não.

Há um momento em que o professor lê; quando é aluno e portanto obrigado a dar conta de livros exigidos em seus diversos cursos. Este ato de ler é sofrível e pouco significativo, pois a leitura é muitas vezes abandonada na conclusão dos cursos de graduação. Esse novo professor, em seu cotidiano escolar, envolve-se com um número excessivo de alunos, porque tem necessidade de sobreviver e completar o seu orçamento, lecionando em várias escolas. Nos momentos de lazer, às vezes privilegia outros atrativos, se distanciando cada vez mais da leitura, principalmente das que lhe exigem reflexões acerca de educação, aquisição de linguagem oral ou escrita, que nesse caso supõe-se ser a área específica de sua formação. Por isso vemos que é de suma importância os professores ensinarem às crianças ou aos adultos a produzir e ler textos, proporcionando-lhes o gosto pela leitura, tornando-os assíduos e maduros leitores. Não queremos generalizar essa ideia, pois sabemos que muitos professores, mesmo depois de seus estudos de graduação, continuam leitores e pesquisadores.

A leitura e o social

Sabe-se que um mesmo texto multiplica-se em infinitos textos, tantos textos quantas leituras houver. Cada leitura construirá um novo texto, produto de determinações múltiplas e de experiências variadas. Assim, o leitor constitui-se numa pluralidade de outros textos.

Nessa perspectiva, o autor/leitor estabelece uma relação dialógica ao analisar o discurso que lê, em que o lugar social e histórico de ambos, leitor e escritor, permitirão a produção de novos sentidos, reproduzindo-os ou transformando-os ao se tornarem conscientes das informações que veiculam em seus discursos.

A leitura tem força determinante, e olhada do ponto de vista da ordem social, necessita considerar dois níveis:

as condições sociais de acesso à leitura e as condições sociais do ato de ler. Há, portanto, uma relação ideológica de interpretações que o ato de ler ocasiona no leitor, que a partir da tomada de consciência do social deseja profundas mudanças em suas realidades. Essa é a finalidade básica do ler e do escrever; não somente decodificar textos descontextualizados que, muitas vezes, fazem nossos aprendentes tomar aversão aos discursos literários porque não os entendem a partir de seus contextos.

Alguns livros didáticos muitas vezes incentivam a ignorância e a alienação por não trazerem nada de desafiador para o aluno; com perguntas de interpretação simplistas, leva-os somente à cópia de um lugar para o outro, sem nenhuma outra reflexão mais crítica e aprofundada.

É para minimizar essa lacuna que propomos *textos autênticos, significativos, com circulação social* para as práticas pedagógicas de leitura e escrita. Para as produções textuais ou as "temidas redações", sugerem-se temas escolhidos pelos próprios alunos e que o tamanho das mesmas fique ao critério de seu produtor, a fim de que possam se jogar no texto, contar suas ideias, trazer suas propostas e incômodos sociais para serem discutidos e comparados com outros textos, e nesse processo irem adquirindo a maturidade leitora, tendo em vista sempre a transformação social, razão de toda a ética e cidadania.

O poder da palavra como libertação desenvolve o gosto pela leitura e escritura; e isso deveria ser um desafio pedagógico a ser perseguido, até que a leitura ocupe o espaço social que lhe cabe como ação prazerosa. A escola, por sua vez, deveria promover o resgate da formação leitora de professores e alunos sempre tendo em vista a construção de um mundo melhor e mais humano.

O ensino da leitura e da escrita deverá ser significativo, ou seja, estar ligado aos contextos sociais dos aprendentes, pois faz parte do exercício da cidadania. Escolas que promovam a educação para todos os indivíduos, a fim de que participem ativamente da sociedade, desenvolvendo em seus educandos os aspectos cognitivos, emocionais e sobretudo sociais, devem ser prioridade de todos os sistemas de governo.

Todas essas nossas reflexões têm por base os novos estudos da linguística textual, pois com eles, o texto passou a ser o objeto central do ensino, ou seja, nas aulas de Língua Portuguesa, o que deve ser priorizado é a leitura e a produção de textos, fazendo com que o aluno reflita sobre as diversas situações da língua na interação verbal e que perceba a linguagem em sua dinâmica de adequar-se às suas diversas situações de usos.

Koch comenta que o professor deverá ser dotado de um instrumental teórico e prático adequado para o desenvolvimento textual dos alunos, o que significa torná-los aptos a interagir socialmente por meio de textos dos mais variados gêneros e nas mais diversas situações de interação social. Por outro lado, a mesma autora (2007, p. 2) afirma que:

> Os textos, como formas de cognição social, permitem ao homem organizar cognitivamente o mundo. E é em razão dessa capacida-

de que são também excelentes meios de intercomunicação, bem como de produção, preservação e transmissão do saber. Determinados aspectos de nossa realidade social só são criados por meio da representação dessa realidade e só assim adquirem validade e relevância social, de tal modo que os textos não apenas tornam o conhecimento visível, mas, na realidade, sociocognitivamente existente. […] É esta a razão por que a Ciência ou a Linguística de Texto sente necessidade de intensificar sempre mais o diálogo que há muito vem travando com as demais ciências, e não só as humanas! Deverá ser uma ciência interativa. É o caso, por exemplo, do diálogo com a Filosofia da Linguagem, a Psicologia Cognitiva e Social, a Sociologia Interpretativa, a Antropologia, a Teoria da Comunicação, a Literatura, a Etnografia da Fala e, mais recentemente, com a Neurologia, a Neropsicologia, as Ciências da Cognição, a Ciência da Computação e, por fim, com a Teoria da Evolução Cultural.

Como vemos, o texto ao ser produzido e lido está envolvido de toda essa segmentação dos saberes própria da realidade humana e social. Diante disso a sua leitura e interpretação só poderão levar à transformação dos sujeitos sociais e, consequentemente, da sociedade em geral.

Assim concluímos que educação e linguagem caminham sempre juntas pois a primeira só acontece com a contribuição indispensável da outra.

Uma palavra final… para concluir este capítulo…

Sabemos que muitos pesquisadores já abordaram esse tema, mas essa é a nossa ótica. Conhecimento é construção e construção é um processo que admite variedades de conteúdos e múltiplos enfoques. Motivado pelo desejo de ver leitores e escritores autênticos e críticos, escolhemos o nosso conteúdo, mas as possibilidades são inesgotáveis, o importante é a produção do conhecimento e a reflexão desses temas básicos que servem para o engrandecimento e a transformação da sociedade. O ensino da língua sempre será uma constante entre os seres humanos, já que esta os constitui como tal.

QUANDO CAEM OS DEUSES[3]

Quando caem os deuses, não fazem rumor;
Simplesmente desaparecem atrás de folhas de papel de seda.
Agora os teus desapareceram progressivamente, um a um,
E te deixaram só e desesperado.
Não, não há nenhuma liberação no perder um deus.
Há só uma outra escravidão,
Aquela da própria presença num espelho negro das exigências
sem referências.
Pois se caem todos, fica um.
Aquele que para os que têm fé
Poderá dar a verdadeira alegria
E nos ensinar a fazer as diversas leituras
Cheias de significados sociais
Que nos levam a transformar-nos em artefatos
Cada vez melhores.

E, por ser plurissignificativa, deixamos essas palavras poéticas, inspiradas em outros subentendidos, para a reflexão de nossos leitores, que, com certeza, tirarão inúmeras *inferências implícitas*, assunto do capítulo seguinte, de maneira teórica e através de atividades práticas, como já anunciamos no início deste livro.

---

[3] *In mímeo*, com modificações do autor desta obra.

7. A atividade de leitura: o implícito e a recontextualização

Chegamos, finalmente, ao ápice de nossas reflexões, pois tudo o que dissemos anteriormente preparou-nos para chegarmos às atividades de leitura tendo por base a coerência textual através de seus implícitos, dos vários conhecimentos de mundo compartilhados pelos interlocutores do discurso e a importância do processo de recontextualização no ato de interpretar. Por isso mesmo, como já anunciamos na introdução, esta parte, além de ter uma vasta fundamentação teórica, terá atividades de interpretação realizadas por um professor de Língua Portuguesa, por outro de Matemática e por uma estagiária de Pedagogia da EJA da Unidade Executiva do Sesc Santo Amaro-PE, onde exerço a função de supervisor pedagógico, isso para que possamos comprovar, ou até mesmo refutar, as nossas convicções, pois é também diante do confronto que produzimos a ciência. Em uma terceira parte exemplificaremos com um texto e duas questões de compreensão que poderão exigir inferências mais profundas. Apresentadas as divisões e a finalidade deste capítulo, passaremos às reflexões teóricas sobre as atividades de leitura, seus implícitos e necessidade de constantes recontextualizações.

As experiências através da leitura, além de facilitar o posicionamento do ser do homem numa condição temporal e espacial, usufruindo dos bens culturais escritos, também são as grandes fontes de energia que impulsionam a descoberta, elaboração e difusão do conhecimento.

Segundo Silva (2000, p. 39):

> Qualquer síntese nova provinda da área educacional, ou mesmo fora dela, requer a análise e sistematização de informações que, mesmo dentro de uma sociedade supostamente tendendo ao "imagismo" da TV, raramente são visuais ou não verbais. Em outras palavras: a produção e divulgação da ciência e da cultura parecem caminhar por meio de veículos que se utilizam da expressão escrita; assim sendo, pelo menos na grande maioria das vezes, o livro, o periódico, a revista especializada, são os meios mais práticos para a circulação do conhecimento.

A partir dessa premissa de Silva, não queremos excluir os outros veículos como meios eficazes de comunicação, mas aquilo que é posto no papel é de maior resistência temporal e susceptível de várias interpretações de acordo com os multiformes contextos de época. Silva (2000, apud Lisboa, 1977, p. 41) afirma:

> quando se diz que o importante nos livros está nas entrelinhas, ou atrás das palavras impressas, o que se quer dizer é que aquilo que os livros contêm não é diferente da vida. *Escritos por homens eles refletem o que é humano* (grifo de Silva).

Seguindo o pensamento de Ezequiel Theodoro da Silva, diremos que a leitura enquanto uma forma de participação somente é possível realizar-se entre seres humanos. Os signos impressos, registrando as diferentes experiências dos homens e mulheres de todos os tempos. Por ser um tipo específico de comunicação, a leitura é uma forma de comunicação entre o homem e a realidade. O livro ou qualquer outro tipo de material escrito – e poderemos pensar aqui na variedade dos portadores de textos do mundo moderno, mesmo daqueles provenientes da informática, que não deverão nunca ficar à parte – é sempre uma encarnação da realidade e, por isso mesmo, sempre reflete o humano. Daí a importância desse enfoque específico sobre os aspectos da comunicação humana relacionada com a leitura. Ler seria, antes de tudo, compreender. No ato de ler, os leitores compreendem o mundo, isso porque o propósito de qualquer leitura é a apreensão dos significados mediatizados pelo discurso escrito. Sendo o ato de ler a imbricação de leitor, texto, autor, significados, contextos, panoramas específicos...

O grande problema é a leitura obrigatória, aquela que é forçada pelo professor com finalidades meramente metalinguísticas e que não se chega a dar nenhum prazer para os leitores, já que o trabalho de ler é para cobranças de fichas de leituras estereotipadas, sem aplicação contextualizada, apenas para cumprir a "grade curricular", com a qual nem o professor e nem mesmo o aluno irão saber onde intervir, socialmente, com esse tipo "doloroso" de atividade.

Para Silva (2000), a leitura pode-se explicitar através do seguinte esquema: MUNDO – DIÁLOGOS (NOVOS SIGNIFICADOS) – CONHECIMENTO DE MUNDO REFEITO PELOS NOVOS SIGNIFICADOS, em um eterno diálogo de abertura ao novo. Apoiando-se na doutrina comunicacional de Jakobson, o referido autor coloca o ato de ler no mesmo processo comunicacional (estrutura do sujeito emissor = produtor de texto; estrutura da mensagem, estrutura do código escolhido e a estrutura dos conhecimentos de mundo, que quanto mais comum aos interlocutores, maiores as possibilidades de comunicação e inferências).

Pinto (1996), ao apresentar o português popular escrito através das linguagens das ruas e das feiras, linguagem urbana e português popular, impressos volantes e cartas, traz no bloco "documentário" um texto elucidativo, em um estilo do gênero de carta pessoal, que vale a pena transcrever e comentar (p. 87):

> Estimado Irmão
>
> G...
>
> A PAZ DE DEUS
>
> Espero no Senhor, que esta vá encontrá-lo, firme na fé, com o firme propósito de servir a Deus até a volta de Nosso Senhor e Salvador Jesus Cristo.
>
> Quanto a mim, louvo a Deus que me tem ajudado até o presente momento, tenho esperança de vencer pois a palavra é fiel.
>
> Irmão G..., como tens passado? Quais as notícias?
>
> Alguma novidade? Tens orado bastante? Como estão os companheiros? Como vai a família?

> Espero que tenhas desfrutado muito no Senhor e que continue desfrutando.
>
> Irmão, continue lutando, não se deixe vencer por nada jamais, a sua alma pertence a Deus e a vitória virá. Não desanimes.
>
> Seja exemplo em tudo e serás ainda mais abençoado quer material e espiritual.
>
> Quando a prova chegar lembre-se que o Senhor estará presente para dela te libertar. Em tudo dê graças a Deus. Sê fiel até o fim e recebereis com certeza a coroa da vida.
>
> Estas são as palavras que tenho a transmitir. Aguardo que em breve venha até Pompeia, para congregar conosco e relembrarmos aqueles tempos em que tão fortemente o Senhor nos abençoava e dispensava *sôbre* nós os seus dons.
>
> Aguardando resposta, despeço-me enviando saudações a todos os seus e àqueles que te são mais chegados *espiritualmente*.
>
> Do teu irmão na fé, que te estima.
>
> N...
>
> A PAZ DE DEUS

Inúmeras conclusões e inferências poderão ser retiradas do texto acima. De início, já sabemos, pelo contexto de inferência, que nos fornece a coerência textual, que esses irmãos não possuem laços de sangue, pois ao final o próprio autor da carta chama o seu interlocutor de "irmão de fé". Por não entendermos totalmente o contexto de mundo dos dois, muitas coisas ficam no ar: o destinatário da carta estaria em crise espiritual, com falta de fé ou passando por problemas sérios que precisasse dessa palavra de esperança. Nas entrelinhas presume-se um certo desânimo daquele que recebe a missiva: "Não desanimes". Há, ainda, uma exortação ao bom exemplo e a dar graças. O texto, por não fazer parte totalmente de nosso conhecimento de mundo, poderá tornar-se incoerente, mesmo apresentando elementos coesivos. Não se sabe se Pompeia é aqui no Brasil ou na Itália. O texto rompe também com a grafia atual e podemos interpretar tal infração de duas maneiras: ou demonstra a época em que foi escrito ou mesmo a relativa confusão com as reformas das normas escritas: *sôbre, epiritualmente*... Quanto aos interlocutores, só sabemos o que a superficialidade do texto traz: o emissor é conhecido como G e o receptor como N.

Esse exemplo torna-se um modelo claro de que a leitura só será plenamente coerente se o conhecimento de mundo for pelo menos em grande parte comum aos interlocutores, senão teremos um texto sem entendimento.

Lira (2008) ao refletir sobre a leitura e a escrita, faz a seguinte pergunta: O que fazemos quando falamos ou escrevemos? Ele mesmo responde (pp. 48-49):

> A primeira distinção a ser feita entre fala e escrita é relativa à própria natureza dessas duas modalidades da língua. No primeiro caso temos estímulos auditivos e no segundo, visuais. Em uma concepção estruturalista, a leitura é um processo instantâneo de decodificação de letras em sons, e a associação desses com o significado. Já no modelo construtivista a leitura é feita a partir da visão de mundo do leitor, organizadas em estruturas cognitivas como em esquemas mentais de sentido. Portanto, determinam a forma da leitura de textos escritos: a maturidade do leitor, a complexidade textual, o estilo individual da leitura (em voz alta ou silenciosa), o gênero do texto.

Quando refleti sobre esse aspecto da leitura em minha obra *Linguagens e a palavra*, tinha plena convicção de que os textos recebem seus verdadeiros sentidos pelos leitores, mesmo sabendo que para o estruturalismo clássico isso era impossível, pois todo processo interpretativo tinha de ser absolutamente consagrado pela "comunidade científica", o que acarretava uma certa redução no ideário semântico dos textos, tanto nos contextos de produção como de recepção.

É de grande importância recuperar na leitura do texto escrito aquilo que se perdeu da oralidade, ou seja, os suprassegmentos: entoação, altura, curva melódica... pois constituem técnicas hermenêuticas que só contribuem para a verdade da interpretação textual. Como resolver este dilema? Os sinais de pontuação são uma tentativa de solução.

Ainda segundo Lira (2008, p. 50):

> Para se chegar à verdadeira interpretação dever-se-á compreender o texto, em sua totalidade, ou seja, nos três aspectos de estrutura linguística: sintático, semântico e pragmático. Na oralidade os textos verbais são bem mais fáceis de serem entendidos, pois se tem a presença do falante, que poderá esclarecer prováveis incompreensões, e tem-se, também, como já foi dito, a presença dos suprassegmentos.

Essa ausência do face a face do interlocutor fez com que o texto-carta N de para G, citado anteriormente, ficasse desprovido dos verdadeiros significados, pouco recuperáveis pela superficialidade do texto, devido à disparidade do conhecimento de mundo de outros leitores leigos em relação àqueles irmãos de fé.

Partindo dessas reflexões, vemos claramente a importância da presença dos implícitos para a construção dos sentidos dos textos. Nos vários tipos de textos, os implícitos são sempre recuperáveis via inferenciação, e isso torna o leitor um ser competente no ato de interpretar. Os implícitos se apresentam, conforme Ruiz (2001), com várias naturezas: linguísticas, superestruturais (de gêneros textuais), estilística (de registros e variantes da língua), intertextuais (de outros textos), enciclopédicas (modelos, *frames* e conhecimento da situação comunicativa e suas regras).

Mas as inferências acontecem pelas produções, e os *frames* pelo acúmulo de leituras benfeitas que se acumulam na cognição como um elemento macro que dará origem a estruturas micros no momento do ato de escrever. Para Eco (1997) a intenção do autor é aquela inerente ao seu movimento de criação do texto, como poderá ser verificada pelas circunstâncias de produção do texto quando estas são relatadas pelo próprio autor. A intenção do texto já é um produto pronto que ganha autonomia e passa a ter "vida própria", de certa forma dissociada do autor. Quando publicamos, nossos textos não são mais nossos, mas frutos das interpretações dos leitores. É a intenção do texto que normalmente aparece para o leitor, o que poderá ser verificado pela variedade de interpretações.

Enquanto definimos o texto como uma unidade de sentido, a leitura é um processo de produção de sentidos por parte do leitor. A leitura, ao longo da história, foi realizada de várias maneiras: nos mosteiros medievais, motivados pela Santa Regra de São Bento (RB 38,1-2.5.12 – leem, somente aqueles que edifiquem os ouvintes), a leitura deveria ser proclamada em voz alta, tanto no oratório como no refeitório, para que todos ouvissem os apelos que Deus dirige a cada um conforme as moções interiores individualizadas e comunitárias. Embora a leitura silenciosa sempre tenha sido incentivada: *vacare lectionis* (dar férias para se ler), pois enriquece a alma e a livra da ociosidade, sua grande inimiga. Intercalando com as atividades manuais, os monges também deverão fazer a leitura silenciosa (RB 48,13-17.22). Assim também acontece na vida intelectual: as boas e sábias leituras que seriam em voz alta ou silenciosa só enriquecem e formam o espírito e o intelecto na busca de ideais maiores.

Conforme Ponte (2007, p. 35):

> Na verdade, a leitura é também uma forma de inscrever o cidadão em sua língua nacional e, além disso, o livro pode propiciar a transformação do leitor e também de quem com ele convive, alterando comportamentos, linguagem, formas de diálogo, tirando-os da ignorância. A leitura é uma atividade que pode contribuir para o aprimoramento do caráter e índole do ser humano, no sentido de auxiliá-lo também em suas relações interpessoais e sociais. A retrospectiva histórica das práticas da leitura culmina com o debate sobre a leitura enquanto prática cultural. Por isso, é necessária a conscientização de que cada um de nós representa um leitor e, portanto, é atuante nessa modalidade. Por essa ótica, é válido ressaltar que as formas de leitura em dado momento, por certos leitores, em relação a determinados textos, podem variar historicamente, colocando-se em jogo, nessa verificação, as intenções de leitura.

A partir dessas conclusões, vemos mesmo que aqueles que convivem com leitores maduros e com livros tornam-se amantes dos livros e das leituras tidas como prazerosas. Não se poderá esquecer ainda que, como já foi dito anteriormente, o conhecimento prévio de cada leitor é um dos fatores que vai influenciar na construção do sentido do texto que ele está lendo, a fim de que o novo conhecimento possa agir no seu mundo e modificá-lo.

Como já havíamos dito em nossas linhas, a Linguística de Texto tem como referencial de investigação o próprio texto em todas as suas formas, e considera o mesmo como forma específica de manifestação da linguagem. Não se poderá mais separar os textos de seus contextos, daí a importância do conhecimento de tudo que é externo ao mesmo na perspectiva de Foucault, como também daquilo que faz parte e sua superficialidade. Todos esses elementos influenciam nos processos de produção, recepção e interpretação. E é nesta perspectiva que propomos as *constantes RECONTEXTUALIZAÇÕES, que encontram sentidos bem mais plenos a partir dos implícitos e subentendidos nos processos de atividades de leitura.* Para Ponte (2007) há dois tipos de contextos, aquele *de produção* correspondente às circunstâncias de escritura e aquele *contexto de uso* relativo ao momento da leitura e respectiva interpretação dada pelos diferentes leitores.

A linguística textual preocupou-se com aquilo que pode ser um texto e para isso o estabeleceu como uma unidade semântica a partir de noções que chamamos de *textualida-*

de. Ou seja, aquilo que faz um texto ser um texto. Os teóricos da Linguística de Texto Beaugrande & Dressler (1981) enunciaram os sete fatores da textualidade que todo texto deve apresentar em seus aspectos estruturais para ser considerado como texto propriamente dito: *coesão, coerência* (retomaremos esses dois fatores, por serem de extrema relevância), *intencionalidade, aceitabilidade, informatividade, intertextualidade* e *situacionalidade*. Nessa relação de fatores é de suma importância a interação entre eles, como também a presença do referente – aquele elemento básico do qual o texto trata.

Antes de comentarmos cada fator da textualidade, iremos apresentar um esquema geral como elemento facilitador para a compreensão desse aspecto da linguística textual.

LEITURA

AUTOR	TEXTO	LEITOR
Intencionalidade	Fatores da textualidade (Cf. Beaugrande & Dressler, 1981)	Contextos
Momento de produção		Linguísticos
Escolhas linguísticas e temáticas	Coesão (nível sintático)	Sociais
	Coerência (nível semântico)	Culturais
	Intencionalidade	Psicológicos
	Aceitabilidade	
	Informalidade	Conhecimentos Prévios:
	Intertextualidade	**Da língua** (fonética, morfologia, sintaxe, semântica)
	Situacionalidade	
	Micro e macroestrutura textual	**De mundo** (*frames*)
		Da tipologia textual (narração, descrição, dissertação)
	Princípio da expansão (autor)	
	Princípio da redução (leitor)	**Polissemia na interpretação:** o leitor também produz a intenção do texto
Como se vê, a relação autor/leitor é mediada pelo texto.		

Observamos logo a estreita relação entre AUTOR – TEXTO – LEITOR no processo de leitura. Quanto ao aspecto do *autor*, destacamos o fator da *intencionalidade*, pois quem produz textos orais ou escritos geralmente tem uma intenção bem definida. Não se escreve à toa, somente para nada, mas sim para que seja lido, mesmo que seja pelo próprio autor. A intencionalidade definida já é o momento da própria produção em que o autor fará suas escolhas linguísticas e temáticas. Com relação ao *texto*, temos, como já foi dito, a presença dos fatores da textualidade que são sete: a coesão (no nível da sintaxe), a coerência (no nível da semântica), e ainda a intencionalidade, a aceitabilidade, a informatividade, a intertextualidade, a situacionalidade, todos no nível da pragmática.

Dentro dos textos se encontram as micros e as macros estruturas textuais que originam o princípio de expansão (próprio dos autores) e o princípio da redução (de propriedade dos leitores), que têm por natureza própria a capacidade de sintetizar para logo possuir uma ideia geral daquilo que foi dito ou lido, ou se expandir o pensamento para melhor clarear o que se deseja dizer. No que se refere ao *leitor* encontramos a importância dos contextos de recepção que se ligam a elementos linguísticos, sociais, culturais, e ainda aos conhecimentos prévios da língua (fonética, morfologia, sintaxe e semântica), conhecimentos de mundo (*frames*), conhecimento da tipologia textual (narração, descrição, dissertação). Por ser o texto polissêmico, o leitor também produzirá a intenção do texto. Concluímos então, a partir desse nosso esquema elucidativo dos processos de leitura, que a relação autor/leitor será sempre mediada pelo texto.

Aprofundaremos agora, inspirado nas reflexões de Ponte (2007, pp. 48-53), cinco dos fatores da textualidade, visto que vamos nos deter no estudo da *coerência* e da *coesão* de maneira mais pormenorizada posteriormente. A *intencionalidade* apresenta-se quanto às escolhas feitas pelos produtores dos textos, que têm uma intenção, uma finalidade específica a ser atingida por meio de seu texto. A *aceitabilidade*, por sua vez, é a contrapartida da intencionalidade, isto é, refere-se à atitude do leitor, que espera um texto que lhe seja útil e relevante para adquirir conhecimentos ou qualquer outro interesse que tenha no momento. Partindo-se do princípio de que o texto desencadeia uma interação entre autor e leitor, a aceitabilidade diz respeito a uma atitude cooperativa dos interlocutores. O fator de *informatividade* também aparece como de fundamental importância, pois um dos motivos da leitura é a obtenção de informações. Aqui temos a seguinte incompatibilidade: o dado (aqueles conteúdos que já se sabe) e o novo (novas informações que vão aumentar os conteúdos daquilo que já está internalizado; mas tem que se ter um certo cuidado – se os textos são formados, na sua maioria, por elementos novos, eles poderão tornar-se incoerentes e incompreensíveis).

A *situacionalidade* poderá ser entendida, do ponto de vista da linguística textual, como um conjunto que engloba as várias propriedades da situação social, relativas à produção e compreensão de um texto. O fator da *intertextualidade* já abordamos aqui, quando nos ocupamos da formação da identidade dos retirantes em várias manifestações, como os romances *O Quinze*, de Rachel de Queiroz, e *Vidas secas*, de Graciliano Ramos, e também a instigante pintura *Os retirantes*, de Portinari, todos trazendo a mesma temática em produções diferentes, estabelecendo assim as características e as riquezas de um intertexto.

No processo de leitura, também encontramos a ideia de *frames*, que são, como já dissemos, aqueles blocos de conhecimentos que vão se armazenando na cognição, constituindo-se de sistemas conceituais sobre determinados temas que na atividade leitora são acionados, intimamente ligados a processos interpretativos sempre com alguma característica de subjetividade. Os *frames* são de grande importância nas interpretações dos textos, pois são os núcleos de base que levam às outras unidades de um mesmo campo semântico, fazendo com que a interpretação tenha fluidez.

Passaremos agora para o aprofundamento dos outros dois fatores da textualidade, a *coerência* e a *coesão*, que ao nosso ver constituem o entendimento ou a falta do mesmo na interpretação e recontextualização dos textos.

A coerência textual

A coerência textual é o modo pelo qual se combinam elementos linguísticos no texto, como também de conhecimentos prévios sobre o mundo em que o texto se insere, e ainda do tipo de texto. Mesmo sem uma coesão explícita, o texto coerente deverá formar uma unidade de sentido, ou seja, nunca poderá "pecar" pelo princípio da contradição intra e extratextual. Uma boa coesão facilita para a coerência, mas não é necessária à mesma. Vejamos um exemplo retirado da obra clássica da professora Ingedore Koch e do professor Luiz Carlos Travaglia (2004, pp. 10-11):

O SHOW

O cartaz
O desejo

O pai
O dinheiro
O ingresso

O dia
A preparação
A ida

O estádio
A multidão
A expectativa

A música
A vibração
A participação

O fim
A volta
O vazio.

O texto é todo montado com implícitos, mas, pelo conhecimento de mundo, os implícitos são inferidos, e o texto, mesmo sem elementos de coesão, tornou-se coerente por possuir uma unidade de sentido. O receptor ativou na sua memória o seu conhecimento de mundo, trazendo à tona conhecimentos pertinentes à construção do que podemos chamar de mundo textual. Portanto, como vemos, a boa coesão facilita para a coerência, mas não é necessária à mesma. Às vezes poderemos ter textos coesos, mas sem coerência, como vemos neste texto de Marcuschi citado por Koch e Travaglia (2004, p. 15):

> João vai à padaria. A padaria é feita de tijolos. Os tijolos são caríssimos. Os mísseis são lançados no espaço. Segundo a teoria da Relatividade o espaço é curvo. A geometria rimaniana dá conta desse fenômeno.

Este exemplo de Marcuschi, apesar de ter uma coesão referencial, é totalmente incoerente, porque não é possível estabelecer para ela uma continuidade/unidade de sentido. Produtores e receptores de textos deverão ter conhecimento comum, pois os implícitos serão sempre reconhecidos pelo conhecimento de mundo compartilhado pelo produtor e o receptor do texto. O conhecimento partilhado também vai estruturar o texto em termos das informações como novas ou não, mas, como já foi dito, se a quantidade de informação na sua maioria for nova, pode levar alguém a ver o texto linguístico como uma sequência incoerente porque o mesmo não fará sentido para esta pessoa leitora.

Koch e Travaglia (2004, p. 21) definem coerência como

> ligada a possibilidade de estabelecer um sentido para o texto, ou seja, ela é o que faz com que o texto faça sentido para os

usuários, devendo, portanto, ser entendida como um princípio de interpretabilidade, ligada à inteligibilidade do texto numa situação de comunicação e a capacidade que o receptor tem para calcular o sentido desse texto. Este sentido, evidentemente, deve ser do todo, pois a coerência é global. [...] Portanto para haver coerência é preciso que haja possibilidade de estabelecer no texto alguma forma de unidade ou relação entre seus elementos.

A *coerência poderá ser semântica*, quando não aparece o princípio de contradição; *sintática*, ao aparecerem os pronomes referenciais, conectivos, sintagmas nominais definidos e indefinidos sempre nos locais e horas corretas. A *coerência estilística* é aquela que está em adequação aos contextos linguísticos. E, finalmente, a *coerência pragmática* tem a ver com o texto visto como uma sequência de atos de fala. Para essa sequência de atos ser percebida como apropriada, esses atos de fala que a constituem devem satisfazer as mesmas condições presentes em uma dada situação comunicativa, caso contrário temos incoerência. Vejamos os exemplos citados pelos autores acima. Por exemplo, se um amigo faz um pedido a outro seria esperado que tivéssemos a mesma sequência de atos:

* pedido/atendimento

* pedido/promessa

* pedido/jura

* pedido/solicitação de conhecimento/esclarecimento

* atendimento ou promessa...

São, portanto, pares que se complementam e que formam a coerência de um texto. Como vemos, a coerência contribui para o entendimento total do texto, dando origem à sua textualidade. A coerência, por sua vez, vai decorrer dos seguintes fatores: linguísticos, discursivos, cognitivos, culturais, interacionais; assim sendo, ela forma todo um conjunto no entendimento dos processos comunicativos.

Como é proposta básica desta obra trabalhar os processos de recontextualização nos âmbitos interpretativos de leituras dos vários tipos de textos, abordaremos agora de maneira mais aprofundada os fatores de contextualização que se ancoram nos textos de maneira mais determinada. Podem ser de dois tipos, *os contextualizadores* propriamente ditos e os *prospectivos*. Entre os primeiros temos a menção de data, local, assinatura, elementos gráficos, que ajudam a situar o texto, estabelecendo a sua coerência. Vejamos o exemplo 49 na obra supracitada:

> Hoje o dia está chuvoso. Nosso vizinho da esquina mudou-se para aquele palacete que comprou de meu avô. Não se esqueça de escrever logo para o nosso amigo de infância que mora na fazenda. Ele precisa daquela informação ainda esta semana. Um abraço.

Como se observa, faltaram fatores de contextualização para que o texto acima ficasse coerente: locais, nomes de personagens, informações necessárias e urgentes…

Também em documentos e em correspondências oficiais, é necessário o timbre, o carimbo, a data, a assinatura.

Os *fatores prospectivos* são aqueles que avançam expectativa sobre o conteúdo – e também sobre a forma – do texto: título, autor, início do texto.

Temos também que ter certo cuidado com os títulos, que muitas vezes não condizem com os conteúdos dos textos.

Mas voltando à questão da interpretação, sabe-se que os motivos das divergências são vários. Entre eles destacamos: os referentes textuais não são idênticos aos do mundo real, mas são construídos no interior do texto. O receptor vai interpretá-los de acordo com a sua ótica e experiências de vida, seus propósitos e convicções, acontecendo sempre uma mediação entre o mundo real e o mundo textual.

Passaremos a abordar *a importância dos implícitos nos processos de interpretações e recontextualizações textuais*. No processo de aprendizagem da leitura é essencial que se chame atenção dos alunos para o fato de que os textos transmitem explicitamente certas informações, significação observável pelo contexto frasal, gramatical, linguístico em sentido estrito, decorrente da competência linguística dos leitores, enquanto deixam outras implícitas, sendo necessário o uso das inferências e dos vários conhecimentos de mundo em comum aos interlocutores para que o texto obtenha a coerência desejada.

Já os subentendidos são máximas ou leis do discurso que desempenham papel fundamental na interpretação dos enunciados orais ou escritos. Deverá haver, portanto, uma cumplicidade entre produtor e leitor, a fim de que o subentendido seja evidenciado pelo confronto do enunciado com o contexto e a enunciação. Ao ressaltarmos a identificação dos implícitos, queremos dar a verdadeira importância ao ato de ler, pois acreditamos que muitos leitores, ainda imaturos, fecham os bons livros por falta dessas explicações esclarecedoras que desejam estimular o pensamento organizado, levando os leitores a se apropriar do conhecimento de forma consciente, reflexiva e crítica, mediante procedimentos pedagógicos de ensino de leitura que privilegiem a interação dialogal e a análise dos implícitos da linguagem; devendo o leitor refletir sobre os recursos utilizados no texto para dizer o dito e o não dito, ou seja, comportando-se como um leitor construtor do sentido textual.

Essa teoria dos implícitos e subentendidos textuais foi desenvolvida por Oswald Ducrot, e como já vimos liga-se às questões de semântica e significado. Drucot estabelece claramente uma distinção entre pressupostos e subentendidos no discurso. Entretanto, nem sempre é possível distingui-los assim de maneira tão evidente no discurso oralizado. O discurso oral tem características próprias, como a correção, que muitas vezes é utilizada para sanar falhas de emissão, lacunas no contexto de informação, dados estes que na sua maioria deveriam, segundo o que diz o autor, ser sanados pelos pressupostos. Esses pressupostos acabam sendo oferecidos de maneira mais explícita, transmutando-se em postos do discurso. Já no discurso escrito, as inferências e os contextos de mundo são de fundamental importância para o entendimento dos enunciados.

Ao tratar ainda da coerência textual, Koch e Travaglia (2004, p. 94) afirmam que já no caso da intertextualidade implícita não se tem indicação da fonte, de modo que o receptor deverá ter os conhecimentos necessários para recuperá-la; do contrário não será capaz de captar a significação implícita que o produtor pretende passar. É o caso de alguns tipos de ironia, da paródia, de certas paráfrases etc.

A coerência, portanto, é um princípio de interpretabilidade do discurso que será sempre recontextualizado na preocupação constante dos interlocutores em, através de esforços vários, exercerem o espírito de cooperação textual. Os textos em seus interiores deverão ser consistentes e não se contradizerem (Koch e Travaglia. 2004, p. 99):

> A partir destas marcas, como também das inferências e dos demais elementos construtores da textualidade estudados... o receptor construirá a sua leitura, entre aquelas que o texto, pela maneira como se encontra linguisticamente estruturado, permite. É por isso que todo texto abre a possibilidade de várias leituras...

Para uma plena compreensão dos implícitos há uma necessidade de esclarecer previamente todas as referências históricas, geográficas, mitológicas, literárias etc. e as palavras-chave desconhecidas que o texto contém, pois só assim o receptor do texto (o leitor) terá condições de fazer as inferências necessárias para relacionar os elementos do texto, criando um mundo textual e estabelecendo a continuidade/unidade de sentido que representa a compreensão do texto e dá a sua coerência... Se ele tem informações suficientes sobre a situação e seus componentes (inclusive os usuários e sua relação); se o texto em questão não exige o conhecimento prévio de outros textos a que ele remete intertextualmente, poderemos ter a singular interpretação do ato de ler.

Citaremos ainda um trecho elucidativo dos autores mencionados que cremos coroará essas nossas reflexões sobre a coerência textual e suas relações implícitas (Koch e Travaglia. 2004, p. 110):

> Uma vez que se aceita que não existe o texto incoerente em si, mas apenas que o texto pode ser incoerente para alguém em determinada situação discursiva, o professor deve trabalhar a produção (e também a compreensão) de textos, buscando, sempre, deixar muito claro em que situação o texto a ser produzido (ou compreendido) deve ser encaixado. A avaliação se fará, então, tendo por parâmetro todos os elementos de adequação a tal situação e não a uma situação que estava na mente do professor, às vezes muito vagamente, mas que ele não explicou *com* e *para* os seus alunos.

A coerência textual vai depender, portanto, de uma situação de adequação.

Um outro aspecto de suma importância dos fatores da textualidade é o conjunto de questões de coesão, mais relacionada ao nível sintático.

A coesão textual

O estudo da coesão textual vem sendo desenvolvido a partir das reflexões da Linguística de Texto, como um elemento encadeador da estrutura textual como base de sentido. Tal ciência vem apresentando várias vertentes de autores renomados. Assim temos:

1. **Beaugrande** e **Dressler** – que apontam, como já citamos, como critérios de textualidade a coesão e a coerência

centrada no texto, além dos fatores da informatividade, da intertextualidade, da intencionalidade, da aceitabilidade, da situacionalidade. Para eles, o conhecimento é constituído através da vivência, condicionada socioculturalmente e armazenada na memória sob a forma de modelos cognitivos globais: os *frames*, scripts, esquemas e planos.

2. **Weinrich** – para este teórico, no texto tudo é linear e se encontra integrado.

3. **Van Dijk** – seu trabalho volta-se para as macroestruturas textuais... Produção de resumo, esquemas e tipologias textuais. Dedicou-se estudar as superestruturas narrativas, especialmente as do noticiário jornalístico.

4. **Petöf** – constrói uma teoria semiótica dos textos verbais, visando ao relacionamento entre a estrutura de um texto e à interpretação extensional em termos de mundos possíveis.

5. **Schmidt** – em que o texto é qualquer expressão de um conjunto linguístico num ato de comunicação. Segundo ele, textualidade é o modo de toda e qualquer comunicação transmitida por sinais, inclusive os linguísticos.

Esses teóricos apresentados por Koch formam os canais para o entendimento da coesão textual e de sua consequente contribuição para o ato de ler e interpretar. Para a autora (2008, pp. 10-11):

> A linguística textual toma, pois, como objeto particular de investigação não mais a palavra ou a frase isolada, mas o texto, considerado a unidade básica de manifestação da linguagem, visto que

o homem se comunica por meio de textos e que existem diversos fenômenos linguísticos que só podem ser explicados no interior do texto. O texto é muito mais do que a simples soma das frases (e palavras) que o compõem: a diferença entre frase e texto não é meramente de ordem quantitativa; é sim de ordem qualitativa.

O texto é, portanto, um conjunto de informações bem organizadas e conexas, com o poder de transmitir algo que tenha sentido e possa até mesmo levar às novas produções semânticas no eterno vai e vem de tema/rema. No processo coesivo existe o elemento catafórico (macro) como aquele que remete a outras sequências textuais. Já o elemento anafórico é a repetição de outras formas catafóricas, como pronomes, outras classes gramaticais que vão se repetindo, retomando os referentes ao longo de todo o texto. Os elos coesivos, como os conectivos, são de grande importância para a coesão textual. Quando alguém fala ou escreve ocorre três tipos de instruções: uma instrução de consequência no nível pragmático, uma instrução de sentido no nível semântico e uma instrução de conexão no nível sintático. Um texto coeso facilita imensamente a leitura significativa re-contextualizada. Inspirado em Koch (2008), a coesão poderá ser referencial e sequencial.

Coesão Referencial:

I. Formas remissivas gramaticais presas:
   1. Artigos definidos e indefinidos;
   2. Pronomes adjetivos (demonstrativos, possessivos, indefinidos, interrogativos, relativos);

3. Numerais ordinais e cardinais (funcionando como artigo).

II. Formas remissivas gramaticais livres: não acompanham um nome determinado, mas poderá fazer remissão anafórica ou cataforicamente a constituintes do universo textual.

1. Pronomes pessoais de 3ª pessoa (ele, ela, eles, elas);

2. Elipse, por exemplo: Tome o remédio. Coloque em seguida sobre a mesa.

3. Pronomes substantivos (demonstrativos, possessivos, indefinidos, interrogativos, relativos).

Por exemplo:

a) Trouxeram-lhe livros, cadernos e borracha. Foi *tudo* em vão. (Indefinido)

b) Vamos conhecer melhor a paróquia da nossa região. *Quantas e quais* são os seus movimentos pastorais? (Interrogativos)

4. Numerais, por exemplo: Paulo e José estudaram música. Os *dois* aprenderam muitas melodias.

5. Advérbios pronominais (lá, aí, aqui, onde). Por exemplo: Perto da minha casa há uma padaria, *lá* compro pão diariamente.

6. Expressões adverbiais do tipo: acima, abaixo, a seguir, assim, desse modo etc. (são formas remissivas

dêiticas que atuam catafórica ou anaforicamente, apontando para porções maiores do texto: predicados, orações, enunciados inteiros). Por exemplo: O padre acredita que desonestidade é pecado. Pena que alguns de seus coordenadores de pastorais não pensem *desse modo*.

7. Formas verbais remissivas (geralmente acompanhadas de: o mesmo, isto, assim...). Por exemplo: O presidente resolveu reduzir os gastos administrativos. Os governadores *fizeram o mesmo*.

III. Formas remissivas lexicais: além de portarem instruções de conexões, possuem um significado extralinguístico:

a) Expressões ou grupos nominais definidos. Por exemplo: Um homem caminhava pela rua deserta... A *pobre criatura* (o homem) parecia não notar a chuva fina.

b) Nominalizações: designação de um rótulo nominal. Por exemplo: Os grevistas dos correios interromperam por mais de quinze dias as suas atividades. A *paralisação* durou quase vinte dias.

Coesão Sequencial:

I. Sequenciação parafrástica:

1. Parágrafo parafrástico: é uma sequenciação monótona, com repetição de termos, sequenciação lexical e adjetivos de termos sincrônicos. Ocasiona uma leitura enfadonha e sem fluidez.

2. Recorrência de termos e conteúdos.

3. Paralelismo sintático.

4. Recorrência de recursos fonológicos (segmentais ou suprassegmentais): metro, ritmo, assonâncias, aliterações. Vejamos o grande poeta lusitano, Fernando Pessoa, citado pela professora Ingedore Koch (2008, p. 57):

O poeta é um *fingidor*
Finge tão completa*mente*
Que chega a *fingir* que é *dor*
A *dor* que deveras *sente*.

II. Sequenciação frástica:

1. *Procedimentos de manutenção de tema*: continuidade de sentido no texto garantida pelo mesmo campo lexical. São elementos que partem do mesmo *frame*.

2. *Progressão temática*: seria a articulação: tema/rema. Enquanto o tema é tido como o tópico e o rema como o comentário novo, que oferece certa progressão temática ao texto. Os remas poderão se subdividir, mas sempre a partir de um mesmo tema. Isso faz com que o texto vá adquirindo fluidez.

3. *Encadeamento*: estabelece relações semânticas ou discursivas entre orações, enunciados ou sequências maiores do texto. Pode ser dividido em:

   a) Justaposição: será dada com ou sem elementos sequenciadores, a partir de inferências. O lugar dos conectivos é marcado, na escrita, pelos sinais de pontuação.

b) Conexão: é um dos tipos de encadeamento que se trata de *conjunção, advérbios sentenciais e outras palavras e expressões de ligações que estabelecem, entre orações, enunciados ou partes do texto, diversos tipos de relações semânticas ou pragmáticas.*

Exemplos:

1. Se não chegarmos a tempo, *então* (= condição) perderemos a peça teatral.

2. O padre *ficou rouco* (= consequência) porque *pregou demais* (= causa).

Ao termos visto a grande importância desses dois fatores da textualidade, a coerência e a coesão textual, abordaremos ainda, a partir de Marcuschi (1996), os elementos implícitos e suas recontextualizações para o processo de interpretação dos vários tipos de leituras, partindo das noções de língua, de texto e de inferências, que necessitam, como já vimos, de conhecimentos exteriores ao texto. A compreensão textual se dá, em grande medida, como um processo inferencial, que irá depender do conhecimento de mundo compartilhado entre os interlocutores. Isso também não quer dizer que a compreensão seja uma atividade imprecisa de pura adivinhação. Ela é uma atividade de seleção, reordenação e reconstrução, em que uma certa margem de criatividade é permitida. A compreensão é, além de tudo, uma atividade dialógica que se dá na relação com o outro. Constituindo-se uma via de mão dupla. Mas a nossa compreensão não pode entrar em contradição com as proposições do texto.

Marcuschi (1996), ao estudar as "instigantes e desafiadoras" perguntas de interpretações de textos nos manuais didáticos, levanta algumas proposições centrais para a compreensão de textos:

1. Uma primeira tentativa de aproximação do texto poderia ser a *técnica de identificação das ideias centrais do texto* e das possíveis intenções do autor.
2. *Perguntas e afirmações inferenciais ligadas aos implícitos*. Não seriam perguntas objetivas, mas inferenciais; perguntas cujas respostas não se acham diretamente inscritas no texto. As inferências baseiam-se em informações textuais explícitas e implícitas, bem como em informações postas pelo leitor. Na atividade inferencial costumamos acrescentar ou eliminar, generalizar ou reordenar, substituir ou extrapolar informações.
3. *Tratamento a partir do título*: o título de um texto é sempre a primeira entrada cognitiva no texto. Seria uma forma de trabalhar os conteúdos globalmente. Trabalhar os títulos é uma boa forma de se perceber como se constrói um universo contextual e ideológico para os textos, mesmo antes de produzi-los.
4. *Produção de resumos*: é uma seleção de elementos textuais a partir de um certo interesse. É bom não esquecer

que para resumir um texto temos antes de compreendê-lo. Essa é uma forma produtiva de perceber o funcionamento global dos textos.

5. *Reprodução do conteúdo do texto num outro gênero textual*: de fundamental importância, pois mostra que o leitor entendeu plenamente o sentido do texto em tela.

6. *Reprodução do texto em forma de diagrama*: este tipo de trabalho poderá ser feito com muito proveito se for utilizado texto de outras disciplinas, como Matemática, Ciências, História etc. Além de evitar a dicotomia dos saberes, criam-se as relações interdisciplinares e de diálogos entre as diversas áreas do conhecimento, que, como vimos, ao refletir as Teorias do Discurso Curricular deverão estar em constantes interações com todos os níveis culturais do passado e emergentes.

7. *Reprodução do texto oralmente*: isso poderá ser treinado pelos leitores maduros e iniciantes como em um ato de narrarmos aquilo que lemos, vimos ou ouvimos.

Assim como vimos no segundo capítulo deste livro, o sentido é algo que surge negociada e dialogicamente na relação entre o leitor, o autor e o texto, sob as condições de recepção em que estamos situados, pois o texto tem seus sentidos determinados por muitas condições em que ele é produzido, lido, recontextualizado e interpretado. O autor pode ter querido dizer uma coisa e o leitor ter compreendido outra: um equívoco possível pela divergência de contextos culturais e, por que não dizer, até mesmo linguístico.

Conforme Marcuschi (1996, pp. 81-82):

> uma coisa é certa: não podemos ter a ilusão de que o texto tem uma só leitura (compreensão) nem que a nossa leitura e compreensão é a única ou a mais correta. O sentido se dá num processo muito mais complexo em que predominam as relações dialógicas, e os conteúdos textuais são apenas uma parte dos dados. O dia em que a escola se conscientizar disso estará efetivamente contribuindo de maneira substantiva para a formação de cidadãos críticos. Estará dando um passo decisivo para a melhoria das condições sociais e individuais dos milhões de estudantes de hoje que amanhã serão os adultos responsáveis nas mais diversas atividades do dia a dia.

Neste capítulo, propomo-nos também trabalhar com atividades de leitura/interpretação, a partir das análises dos implícitos e das constantes recontextualizações. É o que passaremos a fazer agora, tendo como textos propulsores de interpretação o Salmo 136 e um texto literário do cronista português Fernão Lopes. Quanto às questões de compreensão, tomaremos a perícope do autor Maurizzio Gnerre (1988, pp. 3-11) com dois questionamentos de compreensão. Essa atividade será aplicada para os três tipos de sujeitos já elencados na introdução desta obra. Todas as interpretações e respostas de compreensões serão analisadas tendo como base as referenciações teóricas aqui apresentadas numa constante relação, para que possamos delinear o desempenho das habilidades de leitura e interpretações textuais.

SALMO 136

Junto aos canais da Babilônia
Nos sentamos e choramos,
Com saudades de Sião.
Nos salgueiros de suas margens
Penduramos nossas harpas.
Lá, os que nos exilaram
Pediam canções,
Nossos raptores queriam diversão:
"Cantem para nós um canto de Sião!"
Como cantar um canto de Javé
Em terra estrangeira?
Se eu me esquecer de você, Jerusalém,
que seque a minha mão direita.
Que a minha língua se cole ao paladar,
Se eu não me lembrar de você,
E se eu não elevar Jerusalém
Ao topo da minha alegria!
Javé, pede contas aos filhos de Edom
No dia de Jerusalém,
Quando diziam: "Arrasem a cidade!"
"Arrasem até os alicerces!"
Ó devastadora capital da Babilônia,
Feliz quem lhe devolver
O mal que você fez para nós!
Feliz quem agarrar e esmagar
Seus nenês contra o rochedo!

(Bíblia Pastoral)

TEXTO LITERÁRIO DE FERNÃO LOPES

É lá
Lá naquela ilha de três cômoros, bem na
hora da barra, onde começa o parcel da
Bandarra e acaba o banco das Palmas
Lá vive Ana das Almas, sozinha faz tempo
com o filho pequeno chamado Menino
Magrinho, ligeiro, sempre pulando na pedra e brincando
de pássaro no meio das gaivotas e tesoureiros
Noite q'nem esta de Lua, vazante
parando coa brisa no fim da maré
Mãe e filho vão pra enseada
Quietos se agacham na escuta e na espera
Ele das águas
Ela das almas
É ali, na sombra da Ilha do Vento, que sempre
se juntam as almas perdidas do Mar.
(Faraco e Tezza, 1992, p. 31)

LINGUAGEM, PODER E DISCRIMINAÇÃO

A linguagem não é usada somente para veicular informações, isto é, a função referencial denotativa da linguagem não é senão uma entre outras; entre estas ocupa uma posição central a função de comunicar ao ouvinte a posição que o falante ocupa de fato ou acha que ocupa na sociedade em que vive. As pessoas falam para serem "ouvidas", às vezes para serem respeitadas e também para exercer uma influência no ambiente em que realizam os atos linguísticos. O poder da palavra é o poder de mobilizar a autoridade acumulada pelo falante e concentrá-la num ato linguístico (Bourdieu, 1977). Os casos mais evidentes em relação a tal afirmação são também os mais extremos: discurso político, sermão na igreja, aula etc. As produções linguísticas desse tipo, e também de outros tipos, adquirem valor se realizadas no contexto social e cultural apropriado.

As regras que governam a produção apropriada dos atos de linguagem levam em conta as relações sociais entre o falante e o ouvinte. Todo ser humano tem que agir verbalmente de acordo com tais regras, isto é, tem que "saber": a) quando pode falar e quando não pode; b) que tipos de conteúdos referenciais lhe são consentidos; c) que tipo de variedade linguística é oportuno que seja usada. Tudo isto em relação ao contexto linguístico e extralinguístico em que o ato verbal é produzido. A presença de tais regras é relevante não só para o falante, mas também para o ouvinte, que, com base em tais regras, pode ter alguma expectativa em relação à produção linguística do falante.

Esta capacidade de previsão é devida ao fato de que nem todos os integrantes de uma sociedade têm acesso a todas as variedades e muito menos a todos os conteúdos referenciais. Somente uma parte de integrantes das sociedades complexas, por exemplo, tem acesso a uma variedade "culta" ou "padrão", considerada geralmente a "língua", e associada tipicamente a conteúdos de prestígio. A língua padrão é um sistema comunicativo ao alcance de uma parte reduzida dos integrantes de uma comunidade; é um sistema associado a um patrimônio cultural apresentado como um "corpus" definido de valores, fixados na tradição escrita.

Uma variedade linguística "vale" o que "valem" na sociedade os seus falantes, isto é, vale como reflexo do poder e da autoridade que eles têm nas relações econômicas e sociais. Esta afirmação é válida evidentemente em termos "internos", quando confrontamos variedades de uma mesma língua, e em termos "externos" pelo prestígio das línguas no plano internacional. Houve época em que o francês ocupava a posição mais alta na escala de valores internacionais das línguas, depois foi a vez da ascensão do inglês. O passo fundamental na afirmação de uma variedade sobre as outras é a sua associação à escrita, e consequentemente sua transformação em uma variedade usada na transmissão de informações de ordem política e "cultural". A diferenciação política é um elemento fundamental para favorecer a diferenciação linguística. As línguas europeias começaram a ser associadas à escrita dentro de restritos ambientes de poder: nas cortes de príncipes, bispos, reis e imperadores. O uso jurídico das variedades linguísticas foi também determinante para fixar uma forma escrita. Assim foi que o falar de Île de France passou a ser a língua francesa, a variedade usada pela nobreza da Saxônia passou a ser a língua alemã etc.

O caso da história do galego-português é significativo neste sentido. Os caracteres mais específicos do português foram acentuados talvez já no século XII. Esta tendência a reconhecer os caracteres mais específicos das línguas semelhantes pode ser acentuada, como foi no caso do português e do galego, quando a região de uso de uma das duas variedades linguísticas constitui um centro poderoso, como foi a Galícia, desde o século XI. A língua literária chamada galego-português que se difundiu na Península Ibérica a partir do século XII era a expressão, no plano linguístico, do prestígio de Santiago de Compostela.

A associação entre uma determinada variedade linguística e a escrita é o resultado histórico indireto de oposições entre grupos sociais que eram e são "usuários" (não necessariamente falantes nativos) das diferentes variedades. Com a emergência política e econômica de grupos de uma determinada região, a variedade por eles usada chega mais ou menos rapidamente a ser associada de modo estável com a escrita. Associar uma variedade linguística à comunicação escrita implica iniciar um processo de reflexão sobre tal variedade e um processo de "elaboração" da mesma. Escrever nunca foi e nunca vai ser a mesma coisa que falar: é uma operação que influi necessariamente nas formas escolhidas e nos conteúdos referenciais. Nas nações da Europa ocidental a fixação de uma variedade na escrita precedeu de alguns séculos a associação de tal variedade com a tradição gramatical greco-latina. Tal associação foi um passo fundamental no processo de "legitimação" de uma norma. O conceito de "legitimação" é fundamental para se entender a instituição das normas linguísticas. A legitimação é "o processo de dar 'idoneidade' ou 'dignidade' a uma ordem de natureza política, para que seja reconhecida e aceita" (Habermas, 1976). A partir de uma determinada tradição cultural, foi extraída e definida uma variedade linguística usada, como dissemos, em grupos de poder, e tal variedade foi reproposta como algo de central na identidade nacional, enquanto portadora de uma tradição e de uma cultura.

[...]

Os cidadãos, apesar de declarados iguais perante a lei, são na realidade discriminados já na base do mesmo código em que a lei é redigida. A maioria dos cidadãos não tem acesso ao código, ou às vezes tem uma possibilidade reduzida de acesso, constituída pela escola e pela "norma pedagógica" ali ensinada. Apesar de fazer parte da experiência de cada um o fato de as pessoas serem discriminadas pela maneira como falam – fenômeno que se pode verificar no mundo todo –, no caso do Brasil não é difícil encontrar afirmações de que aqui não existem diferenças dialetais. Relacionado com este fato está o da distinção que se verifica no interior das relações de poder entre a norma reconhecida e a capacidade efetiva de produção linguística considerada pelo falante a mais próxima da norma. Parece que alguns níveis sociais, especialmente dentro da chamada pequena burguesia, têm tendência a hipercorreção no esforço de alcançar a norma reconhecida. Talvez não seja por acaso que, em geral, o fator da pronúncia é considerado sempre como uma marca de proveniência regional, e às vezes social, sendo esta a área da produção linguística mais dificilmente "apagada" pela instrução.

A separação entre a variedade "culta" ou "padrão" e as outras é tão profunda devido a vários motivos: a variedade culta é associada à escrita, como já dissemos, e é associada à tradição gramatical; é inventariada nos dicionários e é a portadora legítima de uma tradição cultural e de uma identidade nacional. É este o resultado histórico de um processo complexo, a convergência de uma elaboração histórica que vem de longe.

(Gnerre, 1988, pp. 3-11)

Para melhor compreensão do texto lido, responda às questões abaixo por escrito:

1. As regras que governam a produção apropriada dos atos de linguagem levam em conta as relações sociais entre

o falante e o ouvinte, ou entre o escritor e o leitor. Você muda a linguagem que usa de acordo com o interlocutor e a situação social do momento? Dê um exemplo.

2. Somente uma parte dos integrantes das sociedades complexas tem acesso a uma variedade "culta" ou "padrão", considerada geralmente a "língua" e associada tipicamente a conteúdos de prestígio. Isso acontece no Brasil? Justifique.

* * *

Tomemos, portanto, as reflexões proferidas pelo sujeito 1, a estagiária de Pedagogia da EJA da Unidade Executiva do Sesc Santo Amaro-PE em torno dos três textos que acabamos de apresentar.

De maneira sucinta faz a sua interpretação do Salmo 136, talvez por ser um texto que não faça parte de seu cotidiano e, portanto, não suscitando na analista outros elementos bíblicos ligados à teologia desse salmo. Transcrevemos assim as suas próprias palavras:

> O Salmo 136 traduz a insatisfação do povo de Sião, que, de tanto sofrer na Babilônia, deseja vingança e justiça contra este povo. Contudo, mantém-se fiel e confiante em Deus.

Vemos que o sujeito 1 conseguiu chegar à ideia central do texto, mas por não fazer parte de seu contexto religioso, a oração diária desse salmo ou mesmo o seu estudo em algum curso teológico, fica clara a falta de aprofundamento de outros elementos evidentes que poderiam contribuir para uma interpretação mais aprofundada. Os fatores da textualidade, como intenção do autor, aceitabilidade do leitor, intertextualidade e outros, foram mesmo deixados de lado, já que esse sujeito não é de formação linguística, mas sim da área de pedagogia. Temos aqui já, de maneira bem clara, a comprovação da nossa tese inicial *em que as inúmeras interpretações textuais vão sendo conseguidas a partir das constantes recontextualizações de seus leitores.*

Quanto ao fragmento da crônica do escritor português do século XV, Fernão Lopes, conclui-se que não era do conhecimento de mundo do sujeito pesquisado, pois não se ateve aos detalhes literários de época, mostrando o seu desconhecimento da literatura portuguesa, mas por outro lado, por ter maturidade em leitura, também chega a inferências lógicas. São suas estas palavras:

> O texto fala a respeito de uma ilha onde moram uma mulher e seu filho, mostrando a solidão que parecia *ali*. Ambos, mãe e filho, parecem não ter a companhia de ninguém a não ser da ilha.

Interessante ver aqui a presença do elemento coesivo adverbial (ali), fazendo referência ao vocábulo "ilha".

Não fazia parte do conhecimento de mundo do sujeito 1 que Moçambique, na época dos grandes reis de Portugal, era tida como a ilha dos amores e dos poetas e para lá iam famílias portuguesas que ficavam a espera de suas almas amorosas na sombra do vento, que se juntam às almas perdidas no mar.

As crônicas de Fernão Lopes transbordam de visualidade, realismo descritivo e dramatização, que a par de uma simplicidade linguística a todos atrai. Abolindo a barreira do tempo, faz ressurgir o passado, permitindo aos leitores viver com ele acontecimentos que alteraram profundamente a sociedade portuguesa. Fernão Lopes foi importante como cronista para a história e a cultura de Portugal.

Talvez por falta desses elementos contextuais de mundo, nosso sujeito tenha feito a sua interpretação de maneira bem mais denotativa e subjetiva, a qual não invalida a proposta, partindo da premissa de que os textos são plurissignificativos e que são entendidos a partir dos contextos existenciais dos leitores.

Quanto às questões relativas ao texto de Maurizzio Gnerre, "Linguagem, poder e discriminação", a entrevistada comportou-se da seguinte maneira quanto ao quesito adequação linguística no momento da interlocução:

> Sim, constantemente, pois como afirma a citação, precisamos levar em consideração o ambiente e as relações sociais nas quais nos encontramos. Por exemplo, no ambiente acadêmico, com minhas colegas de turma, assumo uma postura mais informal na conduta e na linguagem, enquanto no mesmo ambiente, conversando com os professores e coordenadores, me posiciono e utilizo uma conduta e linguagem mais formal.

Analisando essa premissa, vemos que a autora dessa resposta tem uma concepção de língua totalmente em uso e na interação, opondo-se ao conceito estrutural de representação do pensamento. Desse modo, entendeu plenamente a proposta de Gnerre ao desejar o respeito às variações linguísticas, adequando a linguagem aos seus vários contextos de uso.

O segundo questionamento referente a esse texto mostra, em suas entrelinhas, um certo preconceito linguístico entre a variante "padrão" e aquela utilizada pela maioria dos usuários da língua. Nosso sujeito entendeu plenamente a prerrogativa ao comentar acerca da questão aqui no Brasil:

> Infelizmente sim, esta situação faz parte da realidade brasileira. Aqueles que são detentores da língua dita padrão são os mesmos que possuem maior poder aquisitivo e têm com isso possibilidade de frequentar escolas de qualidade, sendo estas, na grande maioria das vezes, escolas particulares. As escolas públicas, que deveriam assumir o papel de oferecer um ensino democrático e de qualidade, formam a maior parte da população de maneira insatisfatória, não somente nas questões referentes à linguagem, mas em todas as áreas de conhecimento.

Essa resposta do sujeito 1 deixa bem evidente a sua formação de pedagoga, pois se apega bem mais às reflexões como a democratização do ensino, a questão das instituições particulares ou públicas de produção do conhecimento, deixando de aprofundar os aspectos da linguagem, como o preconceito linguístico, o ensino da língua padrão, a variação linguística, a linguagem como ideologia e poder. O que é de se entender, pois mais uma vez comprova-se o processo de recontextualização nas várias interpretações de textos e, até mesmo, de consignas.

O sujeito 2 de nossa investigação foi uma professora renomada de Língua Portuguesa e com grande experiência em salas de aula, tanto nas modalidades de ensino regular, como em EJA, além de trabalhar na rede pública e privada da Educação.

Quanto à interpretação do Salmo 136, ela se expressou do seguinte modo:

> Os soldados de Edom, cidade da Babilônia, invadiram e destruíram Sião, capital da Babilônia, raptaram seus filhos, e levaram-nos para a Babilônia. Lá, às margens de seus canais, exigiram que os reféns os divertissem com cânticos de Sião. Estes, saudosos de sua pátria, não tinham ânimo para cantar a sua terra num local estranho, cercados de raptores que devastaram a sua morada. Preferiam ficar mudos ou perder a mão direita se não pudessem cantar com alegria, com amor à sua pátria amada e derrotada, Jerusalém. Mas não perdiam a fé de que um dia sua terra voltaria ao poder e cobraria dos invasores todo o mal que lhes impuseram. Não esquecer da pátria em circunstância nenhuma dava-lhes força para suportar o exílio e esperar o dia da vingança.

Comparando com o sujeito 1 vemos claramente que essa análise do sujeito 2, uma professora de Língua Portuguesa, é muito mais detalhada, conseguindo captar toda a mensagem do texto, mesmo não conhecendo a história bíblica deste exílio na Babilônia, faz menção à referida situação de exílio, apresentando um texto coerente e coeso; inclusive utilizando-se da coesão referencial por várias vezes. Concluímos, assim, entre o sujeito 1 e 2 que as interpretações, mesmo extremamente válidas e ricas, variam conforme os contextos cognitivos e sociais de cada um.

Quanto ao estudo do fragmento da crônica de Fernão Lopes, o sujeito 2 descreve assim a sua interpretação:

> Numa ilha isolada, vivem solitários Ana das Almas e seu filho que, por não ter contatos com outras pessoas, não precisa ter um nome, é apenas Menino. Ana das Almas, nome que talvez a caracterize por viver de emoções passadas, de sonhos idos, vive

> em sua solidão, na esperança de que ainda voltem suas emoções. Ana das Almas que tem como companhia um pequenino que a mantém viva por ser brincalhão, alegre e sonhador. Que sonha em ser um pássaro livre que atravessará aquelas águas e seguirá voando pelo mundo afora. Ana, no entanto, sonha apenas em encontrar as almas que a fizeram feliz.
> Ana das Almas e seu Menino, duas almas; uma presa aos sonhos vividos e outra presa aos sonhos que viverá.

Nessa interpretação do sujeito 2, a professora de Português, pelo seu próprio contexto intelectivo e vivencial, soltou-se em uma interpretação, altamente alegórica, mesmo não conhecendo o todo, nem o contexto dessa crônica de Fernão Lopes. Trata de emoções, de liberdade, da criança que dá sentido à vida da mãe que só espera almas passadas, talvez pessoas que já lhe fizeram felizes, apresentando ainda o Menino sem nome como a solução para os seus desencantos. Acaba sua interpretação com um belo paralelo: duas almas, uma presa ao passado e outra cheia de sonhos futuros. Observa-se que o texto é coerente porque não foge do tema e nem se contradiz.

Passemos agora para o estudo das questões de interpretação textual. Como já vimos, a reflexão de Maurizzio Gnerre gira em torno da língua como elemento de poder político e propulsor de preconceitos.

Quanto à questão da adequação linguística e as relações sociais entre falantes e ouvintes, este sujeito expressou-se do seguinte modo:

> Como sabemos a função da linguagem é comunicar, não somente um fato em si, mas comunicar ao ouvinte a posição que o falante

ocupa no contexto social. De acordo com a linguagem utilizada, é possível avaliar a relação sociocultural de seus interlocutores. Se existe uma relação com qualquer grau de afetividade, a linguagem adquire uma forma relaxada, despreocupada quanto às normas cultas, é o caso de uma conversa entre amigos; porém, se há uma autoridade ou falante com o objetivo de exercer poder sobre o ouvinte, até a entonação utilizada neste ato converge para legitimar o seu poder.

Em caso contrário, sendo o falante um integrante nesse processo que reconhece no ouvinte uma autoridade, ele seleciona os conteúdos referenciais (de acordo com seu nível cultural), e até a modulação de voz. É o caso de um empregado subalterno ao falar com um superior autoritário.

No contexto social, infelizmente o ser humano é avaliado de acordo com a utilização correta da língua padrão; se este foge da "norma culta", será classificado de inculto ou "incapaz".

Assim, a Linguagem não só informa, afaga ou aproxima, mas também impõe autoridade, submissão ou discriminação ao ser humano.

Observamos que o sujeito 2 captou quase em sua totalidade a mensagem do autor ao mostrar as duas faces da linguagem: servindo para comunicar no processo de interação, estabelecendo laços afetivos, mas também para oprimir, quando se toma somente uma variante linguística, no caso a "padrão", como norma correta de comunicação. Sentiu-se apenas a ausência demonstrativa da opinião do próprio Gnerre, que critica as aulas de português somente em cima da norma que se diz "culta", fazendo com que ocorra o preconceito linguístico, o que é provado pelas constantes evasões de alunos com mais idade e que já estão a certo tempo sem treinar a "famosa gramática", que também se faz necessária para garantir a unidade da escrita.

Com relação ao questionamento 2, que tratava da discriminação daqueles seres humanos que não detêm a variante "culta" da língua, nosso sujeito 2 portou-se com a seguinte opinião:

> Acho que esse processo acontece não somente no Brasil, mas em qualquer agrupamento social. É a regra do poder. Quem consegue articular a linguagem com melhor poder de persuasão e desenvoltura será classificado como quem tem o saber. Temos como exemplo os políticos ou líderes sociais; eles convencem com suas palavras bem selecionadas, embora nas atitudes não sejam um exemplo de liderança.

Denotamos aqui que além do sujeito 2 emitir sua opinião contraditória ao preconceito linguístico, faz uma crítica pessoal ao mundo dos políticos, que, mesmo sem possuírem a norma "padrão" da língua, são poderosos, estão no topo da pirâmide social e têm um discurso persuasivo, às vezes preparados por assessores. Notamos ainda claramente que esse sujeito se encontra numa transição benéfica de concepção de língua e linguagem, ou seja, está transpondo a barreira do estruturalismo linguístico para os moldes dos usos sociais de língua.

Chegamos finalmente às análises do sujeito 3, o professor-mestrando de Matemática. Quanto à sua reflexão em torno da interpretação do Salmo 136, ele disse de maneira sucinta – correspondendo ao seu próprio contexto de professor das áreas do saber mais exatas e menos discursivas – que

> o salmo descreve o sofrimento de um povo pacífico que foi aprisionado. E que tinham que alegrar os seus tiranos através das

suas canções. E cantar suas canções em outras terras não seria como na sua.

Mesmo apesar da brevidade do comentário, o nosso sujeito 3 captou claramente a mensagem principal do texto, conforme o seu conhecimento de mundo e sua maturidade, bem formada, de leitor. O referido professor não é um teólogo e por isso mesmo não iria chegar a uma interpretação mais teológica do motivo pelo qual o povo de Deus estaria exilado na Babilônia. O que prova mais uma vez nossa tese inicial: constantes recontextualizações que se pode chegar às várias interpretações, e mesmo, não obrigatoriamente, conforme aquelas eleitas pela comunidade científica.

A respeito do texto literário de Fernão Lopes o professor assevera:

> o texto descreve sobre a solidão de uma mulher que mora numa ilha com o seu filho, um menino pequeno que vive brincando alegre, pulando nas pedras no meio dos pássaros. O texto descreve, também, que o menino espera a vida no contexto dele (espera as águas da natureza) e ela, a mãe, espera talvez um companheiro.

Por não ser de seu conhecimento cotidiano a literatura portuguesa do século XV, ou seja, as famosas crônicas de Fernão Lopes que, como já mencionamos, cantavam os reis de Portugal e as ilhas maravilhosas dos amores, nosso sujeito interpreta de maneira lógica as linhas do poema, apresentando dois personagens solitários que vivem numa ilha: uma criança, sem nome, apenas um Menino, e sua mãe, que se alegra com suas façanhas, talvez à espera de um companheiro. Quem sabe por isso seu nome seja Ana das Almas, daquelas que se foram no seu passado ou que poderão retornar de maneira mais fulgurante em seu futuro. Conforme o nosso sujeito 3, e esperança continua, e esta nunca deverá morrer em qualquer contexto existencial em que nos encontremos.

Finalmente, chegando à análise do texto de Maurizzio Gnerre sobre a linguagem como poder e discriminação, as consignas propostas são respondidas conforme apontamos. Quanto à questão das adequações linguísticas nas relações sociais entre falantes/ouvintes ou escritores/leitores, nosso sujeito afirma:

> Sim, mudo conforme os contextos. Se estou necessitando falar com uma pessoa que possui um vocabulário restrito é necessário adequar a fala para que haja boa comunicação. Outra situação acontece quando estamos em outra região do país, logo é importante ter cuidado com os termos regionais. E uma terceira situação acontece na sala de aula, na relação professor e aluno. O professor muitas vezes necessita adequar o seu discurso à realidade de seus alunos.

Aqui observamos três momentos importantes da compreensão textual do professor: primeiro que aceita a adequação da fala para valorizar o processo comunicativo, demonstrando que sua visão de língua é interacionista, ou seja, que a língua acontece em momentos concretos de uso e sempre em estágios de adaptações. Em uma segunda situação, nosso sujeito 3 apela para a problemática da variação linguística regional, que deveria ser sempre respeitada, mas, como sabemos pela própria história e experiência, aqueles que são desinformados dos estudos mais recentes da linguagem agem de maneira preconceituosa com parte da população do Brasil. Talvez por isso nosso professor achou interessante apresentar já um certo cuidado ao tratar dos encontros acadêmicos que ocorrem em outros estados da Federação, que muitas vezes depreciam o tipo de linguagem do Norte de nosso país, esquecendo que aqui a riqueza colonizadora veio também de povos de outras origens tão importantes e enriquecedoras, como aconteceu também na colonização do Sul. Mas, é claro que sabemos: numa apresentação acadêmica formal, a linguagem a ser utilizada deverá constar da norma culta para garantir o entendimento geral dos participantes em assembleia.

Com relação à consigna de que só uma parte da população detém a norma "padrão", nosso sujeito 3 assim se expressou:

> Em um país de desigualdades sociais como o Brasil, o acesso à variedade "culta" ou "padrão" da língua é negado às classes mais desfavorecidas socialmente. Tomando a língua "padrão" como acesso de privilégio para alguns, que exercem o poder e a autoridade sobre esses desfavorecidos nas relações sociais.

Altamente instigante a observação desse sujeito, que captou totalmente o pensamento de Gnerre, quando mostra que a língua é motivo de discriminação social e que somente aqueles que detêm o poder, infelizmente, poderão até rompê-la e se dar ao luxo de criar novas formas linguísticas, que em si não seriam ruim; o problema é que essas novas formas só são validadas pelos grupos de poder.

Concluindo esta parte de nossas análises, a partir da participação dos sujeitos de pesquisa, poderemos tecer alguns comentários à guisa de referenciar o que vínhamos afirmando ao longo da parte teórica.

Em primeiro lugar, como todos já devem ter observado, o sujeito 2, a professora de Língua Portuguesa, pelo seu próprio contexto profissional teve mais condições de se aproximar dos elementos interpretativos e até propor, de maneira lúdica, interpretações inéditas. Nosso sujeito 1, por ser da área de pedagogia, sempre levou suas interpretações para a questão do ensino e das políticas públicas de educação. O professor de Matemática, mesmo na maneira sucinta de dar suas declarações, foi altamente feliz e democrático em suas reflexões, assumindo inclusive uma posição interacionista de língua em oposição à concepção estrutural do passado das "gramáticas normativas" como sendo a única forma de se aprender a ler, escrever e interpretar.

Nas entrelinhas dos três sujeitos vimos, com precisão, que os contextos e as vivências influenciam nas várias interpretações, como também denotamos em suas falas a presença do discurso multicultural, que respeita as várias culturas e manifestações linguísticas; por isso mesmo que ao propormos, nestes tempos novos, currículos formados a partir das recentes reflexões das teorias pós-críticas, desejamos que seja construída uma verdadeira aprendizagem, que leve às autênticas transformações sociais.

Ainda quanto ao ato interpretativo, lembramos um texto muito preciso de Mongin, o qual tive a alegria de prefaciar. Informa-nos a autora (2008, p. 23):

> A partir de um único texto de duas a três linhas, várias interpretações podem ser dadas. [...] O homem vem de uma história de vida, teve uma formação, viveu em regiões diversas, conheceu coisas, estudou, assumiu posturas etc., e tudo isso foi diretamente de um outro homem. Ninguém tem a mesma história de outra pessoa. É como a impressão digital, cada um tem a sua. Portanto, quando vamos interpretar um texto e emitir uma opinião, o nosso "lado humano" se mostra automaticamente. A nossa história influi totalmente na nossa oratória.

Fica evidente que a autora também compartilha com o fenômeno linguístico interpretativo a partir da história, das nossas histórias de vida, únicas e não repetíveis, formadas pelas relações sociais que acumulamos ao longo da vida, como seres de linguagem verbal; por isso sempre recontextualizadas, pois a cada dia não somos mais os mesmos, acumulamos outras experiências.

E chegando aos finalmentes...

Na fala de todos os sujeitos analisados observou-se, de maneira inédita, a presença do discurso multicultural. Nas entrelinhas, nos implícitos e nos subentendidos viu--se a presença dos elementos tradicionais do currículo, em interpretações estereotipadas, muitas delas temerosas em fugir daquelas aceitas pela comunidade científica. Vimos ainda os elementos de reprodução do capital cultural, como também a presença dos mecanismos ideológicos do Estado no processo de manutenção dos dogmas sociais. Mas, felizmente, em vários depoimentos de nossos sujeitos, denotamos a vontade de liberdade intelectual, que respeita o multiculturalismo em todas as suas manifestações: quer de gênero, etnia ou raça, com a presença marcante dos elementos do pós-modernismo, com a crítica aos padrões positivistas de leitura, com o respeito às variantes linguísticas e ao pluralismo religioso.

Vimos também, nos implícitos dos depoimentos de nossos sujeitos, a opção pelo discurso pós-estruturalista, dando à língua a sua real função de *utilidade social*, como também o respeito aos teóricos pós-colonialistas, que impulsionaram a igualdade entre as pessoas, já antecipando o Reino de Deus futuro, onde todos seremos iguais, sem dominadores e nem dominados, e as sementes do VERBO, já atualmente presentes em todas as culturas, disseminadas para todos os cantos do universo.

Observamos também, nas declarações dos sujeitos de pesquisa, a presença marcante de seus contextos sociais e cognitivos que impulsionaram os vários *frames* textuais e inferências para a constituição das variadas formas interpretativas.

Os fatores da textualidade, por sua vez, não foram negligenciados. Encontramos de modo marcante a presença dos elementos da coesão, tanto referencial como sequencial, e ainda os vários momentos da coerência textual, demonstrando, como já era de se esperar, que nossos sujeitos são leitores maduros. Entenderam, portanto, os fatores da intencionalidade de autoria, da aceitabilidade da recepção, da informatividade textual, sempre em confronto com o elemento novo, a importância dos intertextos e das situações (enunciações) de produção para os processos de compreensão das leituras e suas consequentes interpretações.

Pensamos assim termos dado conta daquilo que nos propusemos no início deste livro: escrever um compêndio seguro que levasse os nossos leitores a tomar gosto pelo ato de ler, através de todos os elementos que os envolvem. Por isso partimos dos estudos culturais, pois todo processo intelectivo se dá em determinada cultura viva; passamos pela teorização de elementos-chave para o estabelecimento de uma leitura que não seja um mero ato de decodificação, como o estudo do dialogismo e da polifonia em Bakhtin; aprofundamos o discurso através da história pelo método arqueológico de Michel Foucault. Chegamos no ápice do livro, apresentando os discursos do currículo, sobretudo no que concerne ao ensino da leitura/interpretação, produção de textos e análise linguística, para desembocar no processo de construção das identidades, a partir de textos literários consagrados pela crítica, em um processo de intertextualidade até mesmo com a iconografia, como ao analisar o caso da pintura "Os retirantes" de Portinari, numa reconstrução de parâmetros novos para as interpretações textuais. Seguindo o nosso caminho de trabalho com a leitura e seus processos de recontextualização, tratamos do seu ensino como um elemento motivador para as transformações sociais; e finalmente chegamos aos exercícios de atividades de leitura, a partir de textos e sujeitos escolhidos, para comprovarmos as nossas teses com relação à temática.

Poderemos ter uma ideia geral do nosso trabalho observando o seguinte esquema:

LEITURA ↔ RECONTEXTUALIZAÇÃO ↔ DISCURSO MULTICULTURAL
↕ ↕ ↕
Processo | A partir das experiências | Encontram-se
de produção | dos leitores (várias | inseridos nas
de sentidos | vozes dos discursos) | várias culturas

Ruiz (2001, p. 211), ao tratar de uma certa incapacidade para a leitura adequada dos textos, afirma a respeito do aluno que sempre estudou a gramática em aulas de Língua Portuguesa:

Tendo sido sistematicamente levado a ler sentenças (ainda que complexas), ou conjuntos (ainda que complexos) de sentenças, o aluno, por certo, apresentará dificuldade para ler textos (ainda que não complexos). Até porque, habituado a lidar com o domínio do parcial, sentirá uma estranheza muito grande ao deparar com o domínio do global. Apresentará dificuldades para saltar, na atividade de processamento fragmentada, de uma unidade menor (a frase) para uma unidade global maior (o texto).

Essa tese da professora Eliana Ruiz prova mais uma vez que as aulas de Língua Portuguesa não deverão ser focadas, somente, no ensino da metalinguagem, mas deverão *ter o texto em toda a sua unidade de coerência, como elemento principal das aulas em suas variedades de manifestações sociais: oral, escrito, em todos os tipos e gêneros, em seus vários portadores e modelos de interpretação, nos vários usos sociais em que se apresentam, inclusive nas mais sofisticadas atualizações do mundo informatizado. Deste modo, estamos quebrando os antigos paradigmas que não dizem mais muitas coisas neste início de terceiro milênio cristão, quando almejamos um mundo sem fronteiras. E neste exato momento da madrugada (quase ao raiar de um novo dia), momentos que sempre recordam a ressurreição gloriosa de Nosso Senhor Jesus Cristo, vem à minha mente a lembrança da famosa ponte de Istambul, na atual Turquia, que liga os dois continentes: a Europa e a Ásia. Quem sabe um prelúdio da futura e tão esperada HARMONIA UNIVERSAL?*

E, mãos à obra: "Só se aprende fazendo". Dizer que ensinou quando ninguém aprendeu é o mesmo que dizer que vendeu quando ninguém comprou (Autor desconhecido – Cf. Mongin, 2008, p. 56).

Assim chegamos ao final de nossas reflexões para este momento. A partir daqui entram as suas, caro(a) leitor(a)! Com meu texto, passo pela vida de vocês e, de certo modo, vocês pela minha. Como já dizia o "velho" Charles Chaplin: "Cada pessoa que passa em nossa vida nos deixa marcas e leva algo de nós mesmos".

Como presbítero, *rendo uma grande ação de graças por todas as maravilhas que Deus realiza em cada um de nós através da intercessão materna de Maria, a Mãe de Jesus.*

Dai graças ao Senhor
porque ele é bom
porque eterna
é a sua misericórdia!
(Sl 117,1)

Referências bibliográficas

ALBUQUERQUE JUNIOR, Durval Muniz. *A invenção do nordeste e outras artes*. 3. ed. Recife: FJN/Massangana; São Paulo: Cortez, 2006.

ALTHUSSER, Louis. *Aparelhos ideológicos do Estado*. Rio de Janeiro: Graal,1983.

ANASTASIOU, Lea das Graças C. Avaliação, ensino e aprendizagem: anotações para ações em currículo com matriz integrativa. In: SILVA, Aida M. et al. *Novas subjetividades, currículo, docência e questões pedagógicas da inclusão social*. Recife: Endipe, 2006, pp. 69-90.

APPLE, Michel. *Ideologia e currículo*. São Paulo: Brasiliense, 1982.

BAKHTIN, Mikhail. *Marxismo e filosofia da linguagem*. 8. ed. São Paulo: Hucitec, 1997a.

_____. *Problemas da poética de Dostoievski*. 2. ed. Rio de Janeiro: Forense Universitária, 1997b.

_____. *Estética da criação verbal*. São Paulo: Martins Fontes, 1997c.

BEAUGRANDE, Robert & DRESSLER, Wolfgang. *Introduction to text linguistics*. London: Longman, 1981.

BÍBLIA SAGRADA. *Edição Pastoral*. São Paulo: Paulus, 1990.

BOURDIEU, Pierre & PASSERON, Jean-Claude. *A reprodução*. Rio de Janeiro: Francisco Alves, 1975.

CAPOVILLA, Fernando & CAPOVILLA, Alessandra. *A alfabetização*: método fônico. 3. ed. São Paulo: Memmon, 2004.

CARVALHO, Rosângela Tenório de. *Discursos pela interculturalidade no campo curricular da Educação de Jovens e Adultos no Brasil nos anos 1990*. Recife: Bagaço, 2004.

CLARK, Katerina & HOLQUIST, Michael. *Mikhail Bakhtin*. Cambridge: Harvard University Press, 1984.

COLVARA, Lauren Ferreira. Por que usar os estudos culturais em pesquisa sobre TV? *Unirevista*, São Leopoldo, vol. 1, n. 3, pp. 1-14, jul. 2006.

DELEUZE, Gilles. *Conversações*: 1972-1990. Trad. de Peter Pál Pelbart. São Paulo: Editora 34, 2006.

DEUSDARÁ, Bruno. *Esboço para uma teoria enunciativa em Foucault*. Disponível em: <http//www.filologia.org.br/revista/40ESBOÇO%20PARA%20UMA%20TEORIA.pdf-> Acesso em: 7 jul. 2008.

ECO, Umberto. *Interpretação e superinterpretação*. São Paulo: Martins Fontes, 1997.

FANON, Frantz. *Pele negra, máscaras brancas*. 2. ed. Porto: Paisagem, 1975.

FARACO, Carlos Alberto & TEZZA, Cristóvão. *Prática de texto*: para estudantes universitários. 13. ed. Petrópolis: Vozes, 1992.

FERREIRO, Emília & TEBEROSKY, Ana. *A psicogênese da língua escrita*. Porto Alegre: Artes Médicas, 1985.

FLORES, Valdir. Dialogismo e enunciação: elementos para uma epistemologia da linguística. *Linguagem & Ensino*, Pelotas, vol. 1, n. 1, pp. 3-32, 1998.

FOUCAULT, Michel. *A arqueologia do saber*. Trad. de Luiz Felipe Beata Neves. Rio de Janeiro: Forense Universitária, 2004.

FREIRE, Paulo. *A importância do ato de ler*: em três artigos que se completam. 42. ed. São Paulo: Cortez, 2001.

_____. *Pedagogia do oprimido*. Rio: Paz e Terra, 1970.

GERALDI, J. Wanderley (org.). *O texto na sala de aula*. 4. ed. São Paulo: Ática, 2006.

GIROUX, Henry. Praticando estudos culturais nas faculdades de educação. In: SILVA, Tomaz Tadeu da (org.). *Alienígenas na sala de aula*. Petrópolis: Vozes, 1995. (Coleção Estudos Culturais em Educação.)

_____. *Teoria crítica e resistência em educação*. Petrópolis: Vozes, 1986.

GNERRE, Maurizzio. *Linguagem, escrita e poder*. 4. ed. São Paulo: Martins Fontes, 1988.

GREGOLIN, Maria do Rosário. *O discurso, o sujeito e a história em a Arqueologia do Saber*. Disponível em: <http://cibermidia.blogspot.com/2008/02/o-discurso-o-sujeito-e-histria-em.html>. Acesso em: 20 maio 2008.

KOCH, Ingedore Villaça. *A coesão textual*. 21. ed. São Paulo: Contexto, 2008.

_____. *O texto e a construção dos sentidos*. São Paulo: Contexto, 1997.

_____. Linguística textual: uma entrevista com Ingedore Villaça Koch. *Revista Virtual de Estudos de Linguagem*, vol. 1, n. 1, ago. 2003. Disponível em: <http://www.revel.inf.br/site2007/_pdf/1/entrevistas/revel_1_entrevista_ingedore_koch.pdf >. Acesso em: 9 abr. 2007.

_____ & TRAVAGLIA, Luiz Carlos. *A coerência textual*. 16. ed. São Paulo: Contexto, 2004.

LAJOLO, Marisa. *Do mundo da leitura para a leitura do mundo*. São Paulo: Ática, 1993.

LIRA, Bruno Carneiro. *Alfabetizar letrando*: uma experiência na Pastoral da Criança. São Paulo: Paulinas, 2006.

_____. *Linguagens e a palavra*. São Paulo: Paulinas, 2008.

_____. *O professor sociointeracionista e @ inclusão escolar*. São Paulo: Paulinas, 2007.

MARCUSCHI, Luiz Antônio. *Da fala para a escrita*: atividades de retextualização. São Paulo: Cortez, 2001.

_____. Exercícios de compreensão ou copiação nos manuais de ensino de língua? *Em Aberto*, Brasília, ano 16, n. 69, jan./mar. 1996.

MARTINS, Eleni Jacques. *Enunciação e diálogo*. Campinas: Editora da Unicamp, 1990.

MONGIN, Margarida Maria. *Falar em público*: desafio e sucesso. São Paulo: Ave-Maria, 2008.

NELSON, Paula Cary & GROSSBERG, Laurence. Estudos Culturais: uma introdução. In: SILVA, Tomaz Tadeu da (org.). *Alienígenas na sala de aula*. Petrópolis: Vozes, 1995. (Coleção Estudos Culturais em Educação.)

PINTO, Edith Pimentel. *O português popular escrito*: a linguagem das ruas e das feiras, linguagem urbana e português popular, impressos volantes e cartas. 2. ed. São Paulo: Contexto, 1996.

PONTE, José Camelo. *Leitura*: identidade & inserção social. São Paulo: Paulus, 2007.

RAMOS, Graciliano. *Vidas secas*. 74. ed. Rio de Janeiro: Record, 1998.

QUEIROZ, Rachel de. *O Quinze*. Disponível em: <http://www.jayrus.ar.br/apostilas/LiteraturaBrasileira/Modernismo30/Prosa_de_30/Rachel_de_Queiroz_resumo_de_O Quinze.htm>. Acesso 08.01.10.

RUIZ, Eliana. *Como se corrige redação na escola*. Campinas: Mercado de Letras, 2001.

SILVA, Ezequiel Theodoro. *O ato de ler*: fundamentos psicológicos para uma nova pedagogia da leitura. 8. ed. São Paulo: Cortez, 2000.

SILVA, Tomaz Tadeu da. *Documentos de identidade*: uma introdução às teorias do currículo. 2. ed. Belo Horizonte: Autêntica, 2007.

Sumário

Prefácio 11

Introdução 17

1. O advento dos estudos culturais 23

2. A polifonia e a dialogicidade do discurso em Bakhtin ... 35

3. A arqueologia discursiva em Foucault 49

4. As teorias críticas e pós-críticas do currículo como propostas para o ensino de Língua na escola: leitura/interpretação, produção textual e análise linguística 63

5. A construção das identidades a partir dos textos literários 89

6. O ensino da leitura e da escrita como instrumento de reflexão para a transformação social 103

7. A atividade de leitura: o implícito e a recontextualização 123

E chegando aos finalmentes... 173

Referências bibliográficas 179

Impresso na gráfica da
Pia Sociedade Filhas de São Paulo
Via Raposo Tavares, km 19,145
05577-300 - São Paulo, SP - Brasil - 2010